श्रीमद्भगवद्गीत

आधुनिक हिन्दी भाषा में पद्य रुप में

लेखिका परिचय

डा0 श्रीमती अलका हर्ष (कु0 अलका अग्रवाल) जी ने लखनऊ विश्वविद्यालय से वनस्पति विज्ञान में एम0एस0सी0 करने के बाद, इसी विश्वविद्यालय से सम्बद्ध नवयुग कन्या पी0जी0 महाविद्यालय, लखनऊ में पढ़ाते हुए, एन0बी0आर0आई0 में शोध कार्य करके पी0एच0डी0 की डिग्री हासिल की।

शोध पत्र लिखते हुए, लेखन में रुचि हुई और कहानियों, उपन्यासों, काव्य एवं बाल कथाओं पर लेखनी चली। सन् 2012 से अध्यात्म की ओर तब रुझान हुआ जब ज्योतिर्लिंग केदारनाथ जी के मंदिर में सूर्योदय से पूर्व, दर पर ही उन्हें महाकालेश्वर लिंग रूप दिखाई दिये, मानों वे कुछ क्षणों को भावी प्रलय का एहसास देने आए हों। क्योंकि ठीक एक वर्ष बाद ही कस्तूरी मृग जंगलों से रूद्र प्रयाग तक प्राकृतिक आपदा से भयंकर त्रासदी मची। गांव के गांव बहे, और नर संहार हुआ।

तत्पश्चात् प्रथम बार अलका जी ने सुंदर काण्ड का पाठ किया। और अगली सुबह ब्रह्म बेला में ही उन्हें शिव जी के अंश राम भक्त श्री हनुमान जी का, कानों में लम्बी फूँक के रूप में, शुभाशीर्वाद प्राप्त हुआ।

इसी के फलस्वरूप ईश्वर की अनुकम्पा हुई, जिससे उन्होंने **'रामायण'** एवं **'श्रीमद् भगवद्गीता'** पर शोध कार्य किया। इसी शोध के परिणाम का एक फल प्रसाद **'श्रीमद्भगवद्गीत'** के रूप में आपके हाथों में है।

श्रीमद्भगवद्गीत

आधुनिक हिन्दी भाषा में पद्य रुप में

डॉ0 अलका हर्ष

ZORBA BOOKS

ZORBA BOOKS

Published in India by Zorba Books, 2018

Website: www.zorbabooks.com
Email: info@zorbabooks.com

Copyright © डॉ0 अलका हर्ष

ISBN Print Book - 978-93-87456-08-2
ISBN eBook - 978-93-87456-09-9

Zorba Books Pvt. Ltd.(opc)
Gurgaon, INDIA

Printed at Repro Knowledgecast Limited, Thane

समर्पण
श्रीमद्भगवद्गीत

देववाणी संस्कृत का गीत देवनागरी हिन्दी में

श्री कृष्ण भगवान के चरणों में,
जन जन के हृदयों तक पहुँचने के लिये समर्पित।

डा0 अलका हर्ष

विषय वस्तु

प्राक्कथन		1
श्रीमद्भगवद्गीत - सार		2
श्रीमद्भगवद्गीत - श्री हरि विष्णु भगवान का शब्द रूप अवतार		3
अध्याय	विषय	पृष्ठ संख्या
1.	अर्जुन का शोक संशय - अर्जुन विषाद योग	7
2.	सांख्य दर्शन ज्ञान - सांख्य योग	12
3.	अविनाशी कर्म योग	19
4.	परमात्मा प्राप्ति का दिव्य ज्ञान - ज्ञान कर्म संयास योग	23
5.	कर्म त्याग एवं कर्म भक्ति मार्ग - संयास योग	27
6.	जन्म दर जन्म योगाभ्यास - आत्म संयम योग	30
7.	आत्म ज्ञान और अन्तः ज्योति - ज्ञान विज्ञान योग	35
8.	ध्यान योग - अक्षर ब्रह्म योग	38
9.	परम गूढ़ रहस्य ज्ञान - राज विद्या राज गुह्य योग	41
10.	श्री भगवान के ऐश्वर्य - विभूति योग	45
11.	श्री भगवान का विराट रूप दर्शन- विश्व रूप दर्शन योग	49
12.	भक्ति योग	55
13.	क्षेत्र क्षेत्रज्ञ ज्ञान- क्षेत्र क्षेत्रज्ञ विभाग योग	57
14.	त्रिगुण प्रकृति पार योग - त्रिगुण विभाग योग	61
15.	पुरुषोत्तम योग	64

16. दैवी तथा आसुरी शक्तियां –
दैव असुर सम्पत्ति विभाग योग   67

17. श्रद्धा के तीन प्रकार – तीन गुणी श्रद्धा विभाग योग   70

18. संयास की सिद्धि – परम् सिद्धि – मोक्ष संयास योग   73

श्रीमद्भगवद्गीत
प्राक्कथन

श्रीमद् भगवद् गीता का अर्थ है, श्री भगवान के मत का गीत अथवा श्री भगवान का विचार गीत। वह गीत जो भगवान श्रीकृष्ण ने कुरुक्षेत्र में, कौरव पाण्डवों के बीच हुए, महायुद्ध से पहले शोकाकुल और युद्ध-विरक्त अर्जुन का, आत्मबल जागृत करने के लिये गाया।

इसमें अट्ठारह अध्यायों में सात सौ श्लोक हैं, जिनका संस्कृत से हिन्दी भाषा में गीत के रूप में ही भाषान्तर का यह प्रथम प्रयास है। जिसका अर्थ है कि मूल रूप से संस्कृत भाषा में उद्घोषित 'श्रीमद् भगवद्गीता' अब श्री कृष्ण की कृपा से, उत्तर प्रदेश की राजधानी लखनऊ की बोल चाल की भाषा में गीत के रूप में जन जन तक पहुँच रही है। आशा है अपने इस छोटे प्रयास द्वारा मैं श्रीकृष्ण की वाणी का अमृत आप सबके मनो-मस्तिष्क तक रसास्वादन हेतु पहुँचाने में, उन्हीं की कृपा से सफल रहूँगी। तथा इस दिव्य ज्ञान पुञ्ज की हिन्दी में परावर्त्तित यह किरण आपके भीतर के संदेहात्मक अंधकार दूर कर सकेगी। और तत्पश्चात् आपको सात्विक पथ की ओर अग्रसारित करेगी। मेरा यह भी विश्वास है कि जीवन के सभी पथिकों को प्रकृति प्रदत्त गुणों के पार ले जाकर परम् शान्ति का लक्ष्य प्राप्त कराएगी। जिसे प्राप्त करने के गूढ़ रहस्य और साधन स्वयं श्री कृष्ण भगवान ने सप्रेम उजागर किये हैं।

कार्य संपादिका एवं शभेच्छु
डा0 अलका हर्ष
19.11.2017

श्रीमद्भगवद्गीत
सार

श्रीमद्भगवद्गीत देववाणी संस्कृत में उद्घोषित श्रीमद् भगवद्गीता की देवनागरी हिन्दी में प्रस्तुति है। जो अध्यात्म जगत में विद्यमान, श्री कृष्ण भगवान का अक्षर-भाव में उतरा, निर्गुण-सगुण शब्द रुप है। धर्म गुरु इसे उपनिषद अर्थात् दिव्य ज्ञान का स्त्रोत मानते हैं।

भौतिक जगत में दूर तक फैली प्रकृति ईश्वर का सगुण व निम्न जड़ रुप है। इसी को चारों ओर से ढ़के ईश्वर का निर्गुण, सर्वोच्च चेतन रुप है। जो अध्यात्म लोक में पुरुषोत्तम या परमात्मा के नाम से विख्यात है।

ईश्वर के यही दोनों रुप उसके द्वारा रचित, पोषित, विकसित, संरक्षित और विलुप्त प्राणियों में भी अंश रुप में विद्यमान हैं। देह उसकी नश्वर जड़ प्रकृति तथा देह बसी आत्मा उसकी अव्यय चेतन प्रकृति है।

मनुष्य को स्वयं को कर्त्ता न मानते हुए, अहं और भय त्याग कर, पूरे मनोयोग से अपने कर्त्तव्यों का पालन करना चाहिये। अपने कर्मों के फल ईश्वर को समर्पित कर प्रसन्नता तथा शान्तचित्तता पानी चाहिये।

सब प्राणियों को ईश्वर का स्वरुप मान कर सारे बैर त्याग कर सात्विक, पुण्य कर्म जैसे यज्ञ, दान तथा तप करने चाहिये। और इस प्रकार जन्म दर जन्म योगाभ्यास द्वारा आत्म नियंत्रित रह कर आत्मोन्नति करते हुए परमात्मा के परम धाम की सिध्दि प्राप्त करनी चाहिये।

श्रीमद्भगवद्गीत
श्री हरि विष्णु भगवान का शब्द रूप अवतार

श्री हरि विष्णु भगवान द्वारा कहा गया है कि-

"गीता शब्द रूप भी मेरा एक अवतार है, और इसमें जो ज्ञान है उस ज्ञान के आनन्द में मैं मग्न रहता हूँ। वह एक ऐसा ज्ञान है, जिसके उपजने से जीव सदा आनन्द में रहता है। उसे क्लेश या दुःख नही सताता। इस शब्द रूप गीता अवतार में मेरे अंग इस प्रकार हैं -

गीता के पहले पाँच अध्याय मेरा मुख है, अगले पाँच अध्याय मेरी भुजाएँ और उसके बाद के पाँच अध्याय मेरा हृदय और मन, सोलहवां अध्याय मेरा उदर है, सत्रहवाँ मेरी जंघाएं, और अठारहवां अध्याय मेरे चरण हैं।

गीता के जितने भी श्लोक हैं वे सब मेरी नाड़ियाँ हैं। अक्षर मेरे रोम हैं। ऐसी मेरी जो शब्दरूपी गीता है उसका अर्थ मैं हृदय में विचारता हूँ और आनन्दित रहता हूँ।"

श्लोक - "सर्व शास्त्रमयी गीता सर्वदेव मयोहरिः।
सर्व तीर्थमयी गंगा सर्व धर्म मयोदया।।
मनोजानत पाप पुण्य देही जानत आपदा।
गीता सर्व कृष्ण जानत, माता जाने सो पिता।।
द्वि द्वि लोचन सर्वाणां विद्वानानां त्रयलोचन।
सप्तलोचन धर्माणां, ज्ञानीनां अनन्त लोचन।।"

कर्बद्ध प्रार्थी
हर्ष पाल वार्ष्णेय

''श्रीमद्भगवद्गीत''

।ॐ श्री गणेशाय नमः।।

।। ॐ श्री कृष्णाय नमः।।

वसुदेवसुतं देवं कंसचाणूरमर्दनम्।

देवकी परमानन्दं कृष्णं वन्दे जगद्गुरुम्।।

श्रीमद्भगवद्गीत

गुरु व्यास जी ने दे दीं, संजय को दिव्य आँखें।
कुरुक्षेत्र में होता युद्ध, महल से ही ताकें।।
अंधे राजा धृतराष्ट्र की भी, बनें वो आँखें।
आँखों देखा हाल सुन, वे भी रण में झाँके।।

अध्याय-1
अर्जुन का शोक संशय – अर्जुन विषाद योग

राजा धृतराष्ट्र बोले

1. संजय क्या करते हैं, पाण्डु और मेरे पुत्र।
   युद्ध की इच्छा रखकर, कुरुक्षेत्र में एक जुट।।1।।

संजय बोले

2. विशाल पाण्डव सेना, का व्यूह देख परखने।
   गुरु द्रोण के पास, आपके पुत्र जाते कहने।।2।।

3. आचार्य देखें सामने, विशाल पाण्डु सेना।
   अपने शिष्य द्रुपद के, पुत्र की व्यूह रचना।।3।।

4. भीम, अर्जुन जैसे, धनुर्धरों की सेना।
   युयुधान, विराट जैसे, महारथियों की सेना।।4।।

5. धृतराष्ट्र, चेकितान, काशिराज, पुरुजित।
   कुन्तीभोज, शैव से, बली जुटे युद्ध हित।।5।।

6. युधामन्यु, उत्तमौजा, सुभद्रा, दौपदी पुत्र।
पराक्रमी बलशाली, सर्वदा रहे विजित।।6।।

7. ब्राह्मण श्रेष्ठ! अब आपके, संज्ञान में लाता।
कौरव सेनापतियों के, यश की गाथा।।7।।

8. स्वयं आप, भीष्म, कर्ण, कृपाचार्य बताता।
विकर्ण, अश्वत्थामा, सोमदत्त विजयदाता।।8।।

9. मेरे पक्ष में कई, जान देने खड़े हैं।
युद्ध लड़ने को, शस्त्र उठाए खड़े हैं।।9।।

10. पितामह संरक्षित, कौरव हम बड़े हैं।
भीम संरक्षित, पाण्डव नम पड़े हैं।।10।।

11. सैनिक व्यूह में, अपने मोर्चों पे रह कर।
पितामह सहायक, बने सारे डट कर।।11।।

12. किया भीष्म ने शंखनाद, अति ऊँचे स्वर पर।
दुर्योधन हुए खुश, सिंह गर्जना यह सुनकर।।12।।

13. बजे फिर नगाड़े, बिगुल सींग तुरही।
मचा एक साथ शोर, उठा शोर पर ही।।13।।

अर्जुन का शोक

14. सफेद घोड़ों से खिंचते, रथ पर ही बैठे।
बजाए कृष्ण अर्जुन ने, शंख धर भी वे थे।।14।।

15. ऋषि केश ने **पाञ्जन्य**, धनञ्जय ने **देवदत्त**।
अतिभोजी भीम ने, बजाए **पौण्ड्र** शंख झट।।15।।

16. **अनन्त विजय** गूँजा, युधिष्ठिर का बेधड़क।
नकुल सहदेव के, **सुघोष, मणिपुष्पक**।।16।।

17. सभी ने बजाए फिर, शंख अपने अपने।
शिखण्डी दृष्टिद्युम्न, विराट, सात्यिकी ने।।17।।

18. द्रुपद ने और, द्रौपदी के पुत्रों ने।
    महाबाहु के और, सुभद्रा के पुत्रों ने।।18।।

19. दहलाये कोलाहल ने, भू से नभ तक के स्थान।
    कँपाये धृतराष्ट्र पुत्र, छेद कर हृदय व कान।।19।।

20. उठाया ही तीर धनुष, ज्यों अर्जुन ने अभी था।
    धृतराष्ट्र पुत्रों को देख, बोला कृष्ण से यों था।।20।।

अर्जुन बोले

21-22. ले चलें अच्युत रथ, सेनाओं के बीच में।
       देखूँ किन से युद्ध करने, मुझे रण की जीत में।।21-22।।

23. उपस्थित है कौन, अपनी इच्छा से युद्ध हित।
    दुर्बुद्धि दुर्योधन की, सेवा के सुख सिक्त।।23।।

संजय बोले

24. अर्जुन की इस बात को, कृष्ण सुनकर मान कर।
    उत्तम रथ ले गए, सेनाओं के बीच स्थान पर।।24।।

25. भीम, द्रोण और विश्व के, राजाओं पे दृष्टि धर।
    बोले पार्थ! देखो, हर कौरव दृष्टि भर।।25।।

26. दोनों पक्षों की, सेनाओं में दिखे जो।
    चाचा, ताऊ, पितामह, गुरु, भाई थे वो।
    मामा, पुत्र, पौत्र, मित्र, ससुर भर थे वो।
    दिखे शुभचिंतक भी, पर युद्ध आतुर थे वो।।26।।

27. मित्रों और सम्बन्धियों को, युद्ध आतुर देखा।
    अर्जुन के हृदय को, शोक करुणा ने छेंका।।27।।

अर्जुन बोले

28-29. बोला काँप रहे अंग, मुख सूखा जाता।
खड़े रोम जले खाल, गाण्डीव सरका जाता ।।28-29।।

30. खड़ा न रह पाऊँ, हूँ मैं लड़खड़ाता।
भूला हूँ स्वयं को, है सर घूमा जाता।।30।।

30-31. हे! कृष्ण मैं चारों ओर, अमंगल ही पाता।
अपनो का वध कोई, भला नहीं दिखाता।।30-31।।

31-32. इच्छा जीत की या, राज्य सुख की नहीं है।
हे! गोविन्द यूँ जीने में, कोई लाभ नहीं है।।31-32।।

32-33. जिनके हेतु जीते, यदि वही नहीं है।
मधुसूदन! धन प्राण, देने सब यहीं है।।32-33।।

34. मेरे आगे धन प्राण, ले के खड़े हैं।
मारूँगा इन्हें क्यों, मरने ही खड़े हैं।।34।।

35. भले मार दें मुझको, यह मेरे बड़े हैं।
धरा न त्रिलोक पाने, को शस्त्र जड़े हैं।।35।।

36. पापियों का वध करके, हमें पाप ही चढ़ेगा।
हे! लक्ष्मी पति कृष्ण, युद्ध क्या लाभ देगा।।36।।

37. कुटुम्बियों को मार कर, सुखी कौन होगा।
जनार्दन! दिखे पाप, तो कर्म क्यों कर होगा।।37।।

38. लोभ में दोष न दिखता, यह कुल घात कर लें।
कोई पाप न दिखता, मित्र द्रोह साथ कर लें।।38।।

39. पर हम को तो दिखता है, पाप क्यों कर लें।
कुल नाश करके, अधर्म साथ क्यों कर लें।।39।।

40. हे! कृष्ण कुल अधर्म, करते हैं स्त्रियाँ दूषित।
हे! वृष्णिवंशी जन्मती, संतानें अवांछित।।40।।

41. जिन्हें लगते कुल के, नियम सारे दूषित।
पिण्ड जल न दे, करते पितृ भी अवांछित।।41।।

42. वर्ण संकर पृथाएं, कुल की नष्ट करते।
कल्याण कार्य न करके, दुष्कर्म करते रहते।।42।।

43. कुल धर्म नष्ट करके, नर्क वासी बनते।
प्रजा पाल हे! कह गए, यह गुरु शिष्य बीते।।43।।

44. आश्चर्य है! जघन्य पाप, हम करने को उद्यत।
सम्बन्धियों को मारने, राज्य सुख हेतु उद्यत।।44।।

45. यदि मुझ निहत्थे का, शस्त्र से करें वध।
धृतराष्ट्र पुत्र तो श्रेयस्कर है, मुझको यह वध।।45।।

संजय बोले

46. युद्ध भूमि में अर्जुन, ऐसे कह कर।
धुनष बाण रख, शोक हृदय में भर कर।
अपने रथ के पीछे, के आसन पे चढ़ कर।
जा बैठे दुःख संतप्त, युद्ध निवृत्त मन कर।।46।।

समाप्त हुआ, 'श्रीमद्भगवद्गीत' उपनिषद का।
ब्रह्म विद्या योग शास्त्र, श्री कृष्ण अर्जुन संवाद का।
पहला अध्याय, 'अर्जुन विषाद योग' नाम का।।

अध्याय-2
सांख्य दर्शन ज्ञान - सांख्य योग

संजय बोले

1. करुणा शोक से आँसू, भरे नेत्रों वाले।
अर्जुन को देख, श्रीकृष्ण ने शब्द यह निकाले।।1।।

2. अर्जुन क्यों प्रतिकूल, कल्मष मन में डाले।
जो जीवन मूल्य ज्ञानी, को अपयश दे डाले।।2।।

3. नपुंसकता नीच है, पृथा पुत्र! न पालो।
मन की क्षुद्र दुर्बलता, छोड़ो शस्त्र उठा लो।।3।।

अर्जुन बोले

4. मधुसूदन! मुझ पर, यह बोझा न डालें।
भीष्म, द्रोण हैं पूज्य, मेरे वार से बचा लें।।4।।

5. गुरुओं को मार कर, जीने से अच्छी है भीख।
वध से मिली हर चीज़, जाती खून से है भीग।।5।।

6. नहीं जानता श्रेष्ठ क्या, मिले हार या जीत।
पर कौरव वध से पाए, जीवन से क्या प्रीत।।6।।

7. शरणागत हूँ आपका, हुआ शिष्य भगवन।
कर्त्तव्य भूला करूँ न करूँ, है अधीर मन।।7।।

8. सुखाता इन्द्रियाँ शोक, हो दूर कैसे भगवन।
स्वर्ग पृथ्वी राज्य धन, लगें कुछ न साधन।।8।।

संजय बोले

9. परंतप बोला, गोविन्द! युद्ध न करूँगा।
ऋषिकेश से कह, गुडाकेश बैठे चुप हूँगा।।9।।

10. हे! भरतवंशी राजन! (धृतराष्ट्र), सेनाओं बीच श्रीकृष्ण।
हँसे मानो कहंते हों, शोक दूर करूँगा।।10।।

11. अयोग्य के लिये शोक, मैं न करने दूँगा।
जीवित मृत में समता, को पाण्डित्य कहूँगा।।11।।

श्री भगवान बोले

12. हुआ है यही होगा, यह ही हो रहा है।
मैं तुम हर यहां राजा है, रहेगा रहा है।।12।।

13. हर देह में आत्मा, उम्र भर चलती रहती है।
धीर नहीं होते मोहित, जब यह नई देह में बढ़ती है।।13।।

14. कुन्ती पुत्र सुख-दुःख, क्षणिक ही पर होते।
सर्दी-गर्मी ऋतुओं से, आ जा ये करते।
इन्द्रियाँ बोध करतीं, तो पैदा यह होते।
चले जाएंगे सीखो, सहना धैर्य रखते।।14।।

15. पुरुषश्रेष्ठ! सुख दुःख में, विचलित न जो हो।
समभाव से निश्चित, मुक्ति योग्य वो हो।।15।।

16. तत्व ज्ञानी कहते, असत्य वो न जो हो।
सत्य है सुनिश्चित, अस्तित्व वाला जो हो।।16।।

17. हर देह में व्याप्त सत्य, है अविनाशी समझो।
सत्य तत्व है आत्मा, न मर सकती समझो।।17।।

18. हर देह है मिथ्या, मरेगी छोड़ अव्यय आत्मा।
भारत! युद्ध करो, पूर्ण रहेगी सूक्ष्म आत्मा।।18।।

19. यह आत्मा न मरती, न मारी जा सकती।
समझ में अज्ञानियों के, यह आ न सकती।।19।।

20. कभी आत्मा जन्मी, न जन्माई जा सकती।
    नित्य, शाश्वत, आदि, कभी मर न सकती।।20।।

21. जो अनश्वर, अजन्मा, शाश्वत आत्मा जानता।
    वो कैसे किसी का, मरना मारना मानता।।21।।

22. पुराने कपड़े, उतार मनुष्य नए, पहनते हैं।
    जीवात्मा पुरानी छोड़, नई देह में घुसते हैं।।22।।

23. आत्मा काटते शस्त्र, न जला सकती अग्नि।
    भिगो सकता जल, न सुखा सकती पवन ही।।23।।

24. कटती, घुलती, जलती, न ही सूखती आत्मा।
    स्थाई है बदलती नहीं, हर देह बसी आत्मा।।24।।

25. यह आत्मा न दिखती, न ही सोंच में आती।
    करो शोक न मरती, देह को छोड़ यह जाती।।25।।

26. यदि सोंचते हो कि, हर दम यह जन्म पाती।
    तो भी मरने का शोक, न तुमको दे जाती।।26।।

27. जिसने जन्म लिया, उसकी मृत्यु है निश्चित।
    मृत्यु बाद, फिर जन्म लेना भी सुनिश्चित।।27।।

28. कर्त्तव्य पालन के क्षण, में शोक करना अनुचित।
    आदि अन्त में नहीं, जीव हों बस मध्य में दर्शित।।28।।

29. आश्चर्य से देख, सुन कोई अजूबा बताता।
    आत्मा का अचम्भा, समझ कोई न पाता।।29।।

30. भरतवंशी! देह बसती, वध कोई न कर पाए।
    जीवात्मा का शोक व्यर्थ है, क्यों तुमको खाए।।30।।

31. क्षत्रिय धर्म तुम्हारा है, युद्ध कर्म आवश्यक।
    धर्म न्याय युक्त, युद्ध न करना अनावश्यक।।31।।

32. क्षत्रिय हों सुखी, जिनको युद्ध मिलते व्यापक।
    स्वर्ग लोक के द्वार खुलते, युद्ध करते घातक।।32।।

33. अपने धर्म पालन का, न कर्त्तव्य करोगे।
कर्त्तव्य न करने का, पाप सर पे लोगे।।33।।

34. योद्धा हो युद्ध न करके, यश भी खो दोगे।
मृत्यु से बढ़कर तुम, निन्दा अपयश लोगे।।34।।

35. जो अभी देते सम्मान, वो कायर कहेंगे।
तुम्हें डर से भागा, हुआ तुच्छ कहेंगे।।35।।

36. कटु शब्दों से निन्दा, उपहास करेंगे।
तुम से सम्मानित को, दुःख दे हँसेगे।।36।।

37. युद्ध में मर कर कुन्तीपुत्र, स्वर्ग तुम पाओगे।
जीते तो पृथ्वी, और साम्राज्य भोग पाओगे।।37।।

38. न सुख-दुःख, हानि-लाभ, जीत-हार मन लाओगे।
सब कुछ त्याग युद्ध करके, पाप नहीं पाओगे।।38।।

39. दिया सांख्य दर्शन ज्ञान, अब बुद्धि योग सुनो मुझसे।
कर्म बंधन मुक्त होगे, करके कार्य बुद्धि से।।39।।

40. हानि ह्रास नहीं बुद्धि योग, बस एक प्रयास है।
धर्म का कुछ अंश भी, करता भय मुक्त प्रयास यह।।40।।

41. दृढ़ बुद्धि इस मार्ग से, एक लक्ष्य पर पहुँचें।
कुरुनन्दन! बँटी बुद्धि, किसी लक्ष्य न पहुँचे।।41।।

42. मंद बुद्धि वेदों के, शब्द मोह जाल में उलझें।
स्वर्ग, शक्ति, धन, चाह, के सकाम कर्म में उलझें।।42।।

43. इन्द्रीय तृप्ति, धन, भोग, में जीवन सुख देखें।
इससे बढ़कर जीवन में, कुछ और न देखें।।43।।

44. इन्द्रीय भोग ऐश्वर्य लिप्त, आसक्त कुछ न देखते।
मन से भगवान भक्ति, का निश्चय भी खोते।।44।।

45. प्रकृति देती तीन गुण, वेदों में लिखा मिलता है।
अर्जुन तीनों गुण पार कर, आत्म बोध मिलता है।।45।।

46. बड़ा सा जलाशय, जैसे छोटे कुएँ भरता है।
वेद ज्ञानी, ब्राह्मण भी, सर्व सिद्धि भरता है।।46।।

47. है कर्मों पर अधिकार, नहीं उनके फल पे।
न अकर्मण्यता और न, मोह फल के फलते।।47।।

48. अर्जुन! जय-पराजय, का मोह छोड़ कर्म करना।
योग कहते हैं, मोह बिन सम भाव कर्म करना।।48।।

49. धनञ्जय! बुद्धि योग से, बुरे कामों को छोड़ो।
बुद्धि योग से यत्न कर, फल की दयनीयता छोड़ो।।49।।

50. बुद्धि योग से अच्छे, बुरे कर्म फल छोड़ो।
योग ही है कौशल, न अभ्यास छोड़ो।।50।।

51. हुए सिद्ध कर्म फल मुक्त, बुद्धि योग से जैसे।
जीवन मृत्यु-चक्र, दुःख मुक्त जुड़े मुझसे जैसे।।51।।

52. संदेहो के जंगल से, मस्तिष्क निकलेगा।
सुनी सुनने योग्य से, विरक्त हो उबरेगा।।52।।

53. वेदालंकार बुद्धि, डुला न सकेंगे।
आत्म स्थिर योग, दिव्य चेतनता देंगे।।53।।

अर्जुन बोले

54. पूछा अर्जुन ने कि, अध्यात्म लीन चेतन।
रहता, बोलता, चलता, कैसे क्या हैं लक्षण।।54।।

श्री भगवान बोले

55. हे! पार्थ, इन्द्रीय भोगों, की इच्छा न रखता।
मन आत्म संतुष्ट, दिव्य स्थिर चेतना रखता।।55।।

56. न दुःख से डोलता, न प्रीति सुख से करता।
भय, मोह, क्रोध, मुक्त, मुनि हो विचरता।।56।।

57. न इच्छित पाके हर्षित, न बैर अशुभ से करता।
स्थिर बुद्धि करके, निश्चित ज्ञान भरता।।57।।

58. कछुए के अंगों जैसा, इन्द्रियां सिकोड़ता।
विषयों से हटा कर, चेतना स्थिर रखता।।58।।

59. विषय दूर कर, देह से रस भोग न करता।
भोग कामना मुक्त, मन स्थिर भक्ति से करता।।59।।

60. अर्जुन! इन्द्रियों के, प्रबल वेग में बहकर।
विवेकी का मन भी, रह सकता बहकर।।60।।

61. वश में कर इंन्द्रियां, आत्म संयमी बनता।
धर मुझमें चेतना, स्थिर बुद्धि बनता।।61।।

62. मुक्त विषयों से हो, छोड़ता उनका चिन्तन।
विषय मोह दे काम, क्रोध काम से उत्पन्न।।62।।

63. क्रोध दे सम्मोहन, सम्मोहन दे मति भ्रम।
भ्रम खा स्मृति, बुद्धि, ढहा नीचे दे तम।।63।।

64. राग-द्वेष त्याग कर, आत्म संयम पाना।
है ईश्वर की पूरी, कृपा सामर्थ्य पाना।।64।।

65. ईश्वर कृपा करती, दुःखी मन प्रसन्न चित्त।
प्रसन्नता करा देती, शीघ्र बुद्धि स्थित।।65।।

66. ईश्वर से जुड़े बिन, बुद्धि मन न हों स्थित।
अशान्त मन में कैसे भी, सुख न हो स्थित।।66।।

67. जैसे नाव डुलाता है, झोंका पवन का।
इन्द्रियाँ डुलाता है, विषयी धोखा मन का।।67।।

68. अतः महाबाहु! इन्द्रियां पूरी वश में कर।
बुद्धि भी रखली उसने, पूरी स्थिर कर।।68।।

69. यह आत्म संयमी जागता, पा के चेतनता।
बाकी (जीव) सोते रहते, सवेरा न उनका
जिसमें सब जगें, आत्म दर्शी के न मन का।।69।।

70. प्रवेश करतीं नदियां, समुद्र शान्त ही रहता।
विषय आते मुनि, न कि कामी शान्त हो रहता।।70।।

71. इन्द्रीय तृप्ति की इच्छा, त्याग मुनि हो रहता।
ममत्व, इच्छा, अहं त्याग के, पूर्ण शांत हो रहता।।71।।

72. अध्यात्म में स्थित पार्थ! मोहित न होता।
ब्रह्म में स्थित, वो जीवन पथ में होता।
जो अन्तिम समय भी, ईश्वर स्थित होता।
उसे एक मात्र लक्ष्य, भगवद्धाम प्राप्त होता।।72।।

समाप्त हुआ, 'श्रीमद्भगवद्गीत' उपनिषद का।
ब्रह्म विद्या योग शास्त्र, श्री कृष्ण अर्जुन संवाद का।
दूसरा अध्याय, 'सांख्य योग' नाम का।।

अध्याय-3
अविनाशी कर्म योग

अर्जुन बोले

1. अगर बुद्धि श्रेष्ठ है, कर्मों से जनार्दन।
   केशव! क्यों लगाते, घोर कर्म में मेरा मन।।1।।

2. दोहरी बात कह, बुद्धि फिराते हैं अगर तो।
   एक बात कह, निश्चित दिखाएं पथ श्रेष्ठतर जो।।2।।

श्री भगवान बोले

3. अनघ! आत्म स्थित होते, हैं दो तरह से लोग।
   ज्ञानी सांख्य योग करते, भक्त करते हैं कर्म योग।।3।।

4. न नियत कर्म न कर, कर्म के बंधनों से छुटते।
   न कर्मों से संयास ले, कर्म सिद्धि ही ले सकते।।4।।

5. प्रकृति दत्त गुणों से, विवश करना पड़ता है।
   बिना कर्म किये नहीं, एक क्षण रहना पड़ता है।।5।।

6. कर्मेन्द्रियां रोक, विषय भोग मन मन करता।
   स्वयं के ही धोखे, मिथ्याचार में मूर्ख पड़ता।।6।।

7. कर्मेन्दियां रोकने का, मन से अभ्यास करते।
   निष्ठ, अनासक्त, अर्जुन! विशिष्ट कर्म योगी बनते।।7।।

8. नियत कर्म करो, करना छोड़ने से बेहतर (श्रेष्ठतर)।
   देह का निर्वाह भी, कैसे होगा बिन कर्म कर।।8।।

9. कर्म विष्णु के लिये, यज्ञ में आहुति सा करना।
कुन्ती पुत्र! मोह बंधन मुक्त, त्याग जैसा करना।।9।।

10. यज्ञ से प्रजा रच के, प्रभु बोले यज्ञ (त्याग) करना।
त्याग को इच्छा पूर्त्ति की, काम धेनु बना रखना।।10।।

11. यज्ञ से खुश देवता, तुमको भी खुश कर देंगे।
होके एक दूसरे से खुश, सम्पन्नता भर देंगे।।11।।

12. देवता आहुति ले के, जीने की चीजें देंगे।
जो बिना दिये लेंगे प्रसाद, उन्हें चोर कहेंगे।।12।।

13. आहुति दे हो निष्पाप, अर्जित भोग खाते हैं।
जो बिन दिये पका खाते, स्वयं पाप खाते हैं।।13।।

14. जीव अन्न से, अन्न वर्षा से, वर्षा यज्ञ से होते हैं।
और यज्ञ (त्याग) पैदा, सारे नियत कर्म कर होते हैं।।14।।

15. वेदों में अक्षर ब्रह्म हैं, कर्म ब्रह्म जन्माते हैं।
सदा यज्ञ में बसते ब्रह्म, अर्पित भोग खाते हैं।।15।।

16. वेदों वर्णित यज्ञ-चक्र, जो पालन नहीं करते।
पार्थ! पाप मय जीवन, वो भोग भोग व्यर्थ करते।।16।।

17. स्वयं में जो देख आत्मा, संतुष्ट है आनन्दित।
कर्त्तव्य कोई उसको, नहीं कर सकते बन्धित।।17।।

18. करने न करने की, स्थिति मुक्त नहीं बन्धित।
स्वतन्त्र है स्वयं में, किसी पे नहीं आश्रित।।18।।

19. कर्म को कर्त्तव्य सा, फल चाहे बिन करना।
अनासक्त कर्म कर, परम् ब्रह्म प्राप्त करना।।19।।

20. जनक जैसे राजा पाते, कर्त्तव्य करके सिद्धि।
लोक शिक्षा के लिये, भी करो कर्त्तव्य रिद्धि।।20।।

21. महापुरुषों के पद पे, सामान्य जनता चलती है।
अनुकरणीय आदर्शों पर, सारी दुनियां चलती है।।21।।

22. पार्थ! तीनो लोक मुझे, कुछ न अप्राप्य न मिला कर्म है।
    फिर भी रहता हूँ तत्पर, किये चलता हूँ कर्म मैं।।22।।

23. करूँ न कर्त्तव्य पार्थ, तो सब यही करेंगे।
    निश्चित ही मेरे पथ पर, सब चला करेंगे।।23।।

24. मेरे नियमन न करने से, नष्ट होंगे।
    अनचाही उत्पत्ति से, अशान्त मुझसे होंगे।।24।।

25. भारत! फल की इच्छा से, अज्ञानी कर्म करते हैं।
    अनास्क्त रह विद्वान, उत्थान के लिये करते हैं।।25।।

26. विद्वान मूर्ख की बुद्धि में, संशय नहीं भरते हैं।
    सच्ची भक्ति से कर्म कर, कर्म प्रीति भरते हैं।।26।।

27. अहंकारी मूढ़ कर्म का, कर्त्ता खुद को कहता है।
    प्रकृति के दिये गुणों, ने किया नहीं समझता है।।27।।

28. महाबाहो! गुण कर्म करते, परस्पर स्पर्धा करते हैं।
    ज्ञानी इस सत्य को जानते, आत्मा शुद्ध रखते हैं।।28।।

29. गुणों से आशंकित मूर्ख, गुण के कर्मों से बंधते।
    ज्ञानियों को चाहिये, मूढ़ों को स्थिर कर दें।।29।।

30. अर्जुन कर्म मुझे सौंप कर, आत्म ज्ञान जगाओ।
    इच्छा, लाभ, प्रभुत्व, आलस, छोड़ शस्त्र उठाओ।।30।।

31. मेरी आज्ञा मान, ईर्ष्या बिन कर्म करोगे।
    मेरी भक्ति से, बंधन मुक्त कर्म करोगे।।31।।

32. किन्तु ईर्ष्या वश, मेरे आदेश जो नहीं मानते।
    बुद्धि खोते भ्रमित होते, चेतना भी नष्ट करते।।32।।

33. ज्ञानी भी चेष्टा कर्म, गुण प्रकृति से करते।
    प्रकृति के दमन से, गुण नहीं नष्ट हो सकते।।33।।

34. इन्द्रियाँ अपने विषयों से मिल, राग-द्वेष देती हैं।
    रहो नहीं अधीन इनके, आत्म बोध छीन लेती हैं।।34।।

35. अपने कर्त्तव्यों में दोष, करके मरना भी श्रेयस्कर।
दूसरों के कर्त्तव्यों को, करना भी अति भयंकर।।35।।

अर्जुन बोले

36. हे! वृष्णि वंशी लोग अनचाहे, किस प्रवृत्ति से।
विवश पाप करते, घिसट अन्यों की शक्ति से।।36।।

श्री भगवान बोले

37. अर्जुन! रजो गुण उत्पन्न, काम है इसका कारण।
जग शत्रु, सर्वभक्षी पापी, क्रोध हो जिसके कारण।।37।।

38. धुँआ अग्नि का, धूल दर्पण का होता है आवरण।
गर्भ भ्रूण का, काम आत्मा का होता है आवरण।।38।।

39. आत्म चेतना भी ज्ञानी की, काम शत्रु ढ़ँकता है।
अतृप्त आत्माग्नि भड़का, ईंधन जैसा खपता है।39।।

40. इन्द्रियां, मन और बुद्धि में, काम ही बसा करता है।
असली ज्ञान को ढक कर, जीवात्मा मोहा करता है।।40।।

41. इन्द्रियाँ साध भरत श्रेष्ठ! पापी काम को मारो।
ज्ञान विज्ञान आत्म बोध, विनाशी काम को मारो।।41।।

42. जड़ तत्वों से इंन्द्रियां, इन्द्रियों से मन श्रेष्ठ है।
मन से बुद्धि, बुद्धि से, आत्मा अर्जुन! श्रेष्ठ है।।42।।

43. सर्वश्रेष्ठ आत्मा है, हो उसी से आत्म नियंत्रित।
काम शत्रु मारो जो, कभी भी न हो संतुष्ट।।43।।

समाप्त हुआ, 'श्रीमद्भगवद्गीत' उपनिषद का।
ब्रह्म विद्या योग शास्त्र, श्री कृष्ण अर्जुन संवाद का।
तीसरा अध्याय, 'अविनाशी कर्म योग' नाम का।।

अध्याय-4
परमात्मा प्राप्ति का दिव्य ज्ञान - ज्ञान कर्म संयास योग

श्री भगवान बोले

1. दिया अमर योग ज्ञान, विवस्वान (सूर्य पुत्रों की सूची) को मैंने।
कहा मनु से सूर्य ने, इक्श्वाकु से मनु ने।।1।।

2. गुरु शिष्य परम्परा से, विज्ञान आया राजर्षियों में।
पृथ्वी तक आते परन्तप, समय में यह लगा खोने।।2।।

3. वही योग विज्ञान गूढ़ रहस्य, प्राचीन तुमसे।
कहता क्यों कि भक्त मित्र, हूँ प्रेम करता तुमसे।।3।।

अर्जुन बोले

4. सूर्य है प्राचीन और, आप आज के हैं।
कैसे मानूँ सूर्य के, भी गुरू आप ही थे।
उपदेश योग विद्या का, जो मुझे दे रहे हैं।
सूर्य तक पहुँचाने वाले भी, आप ही थे।।4।।

श्री भगवान बोले

5. परन्तप! कई जन्म, लिये हैं मैंने और तुमने।
मुझे सारे याद हैं, यह क्षमता नहीं तुममें।।5।।

6. अजन्मा अनश्वर होकर, जीवों का परमेश्वर।
अपनी माया से स्वयं, हर युग प्रकटता रुप धर।।6।।

7. भरतवंशी! जब जहां, भी होती धर्म की हानि।
   अधर्म बढ़ते ही अवतरित, मैं हो जाता यानि।।7।।

8. भक्तों के उद्धार को, दुष्टों के शमन को।
   मैं हर युग प्रकट होता, धर्म स्थापन को।।8।।

9. मेरे जन्म कर्म दिव्य हैं, ज्ञान जो पाता अर्जुन।
   देह छोड़ फिर न जन्मता, मुझको पाता अर्जुन।।9।।

10. राग, क्रोध, भय, मुक्त, हो यदि शरण मेरी आए।
    ज्ञान तप से पवित्र हो, मेरा दिव्य प्रेम पाए।।10।।

11. जिस भाव मेरी शरण आते, फल देता मैं उसी भाव।
    (जो मुझे जिस भाव भजेते, मैं उन्हें भजता उसी भाव।)
    मेरे पथ पर सभी चलते, पार्थ! मान के मेरे सभी भाव।।11।।

12. कर्म सिद्धि को देव पूजते, यज्ञाहुतियां देते लोग।
    कर्म कर के सिद्धि मिलती, शीघ्र सफल होते इस लोक।।12।।

13. प्रकृति दत्त गुणों द्वारा, किये कर्मों के अनुसार।
    मैं अव्यय नहीं कर्त्ता, रच कर भी जाति चार।।13।।

14. न कर्म बाँधते मुझको, न कर्म फल मैं चाहता।
    जो यूँ जानते मुझको, उन्हें न कर्म बाँधता।।14।।

15. पहले भी मोक्ष सिद्धों ने, मुझे जानके किये कर्म।
    तुम्हें भी करने चाहिये, पूर्वजों के किये कर्म।।15।।

16. है कर्म क्या अकर्म क्या, सोंच ज्ञानी भी हैरान।
    मैं कहूँगा है कर्म क्या, बुराई छुड़वा दे यह ज्ञान।।16।।

17. कर्म क्या अकर्म क्या, दुष्कर्म भी जानो समझो।
    है कठिन कर्म का अर्थ, इसको जानो समझो।।17।।

18. जो कर्म में अकर्म और, अकर्म में देखते कर्म।
    हैं औरों में वो ज्ञानी, परमात्मा युक्त हर दम।।18।।

19. इच्छा निश्चय के बिन, शुरु से जो करें कर्म।
    पण्डित कहते ज्ञानी, जो ज्ञानाग्नि में भस्म करें कर्म।।19।।

20. कर्म फलों का मोह छोड़, संतुष्ट खुद करते सब।
    कहते कुछ न किया, सच में कर्त्तव्य करके सब।।20।।

21. इच्छा छोड़ के मन से, प्रभुत्व भाव तज के।
    पाप फल न मिलते, देह निर्वाह कर्म से।।21।।

22. मिले लाभ से संतुष्ट, द्वन्द्व, ईर्ष्या से मुक्त।
    फल-निष्फल में सम, हो कर्म बंधन से मुक्त।।22।।

23. गुणों से अनासक्त, आत्म ज्ञान में पूर्ण लीन।
    कर्मों की आहुति दे, करता कर्म वो ब्रह्म लीन।।23।।

24. अर्पण ब्रह्म, भोग ब्रह्म, अग्नि ब्रह्म, आहुति ब्रह्म।
    कर्म ब्रह्म समाधिस्थ, गंतव्य भी उनके परं ब्रह्म।।24।।

25. कुछ योगी देवताओं को, यज्ञों से हैं पूजते।
    कुछ खुद को ही यज्ञों में, अर्पित कर ब्रह्म पूजते।।25।।

26. श्रवण इन्द्रियां करते, संयम की आग में स्वाहा।
    कुछ शब्दादि विषयों को, इन्द्रीय आग में स्वाहा।।26।।

27. इन्द्रियों और प्राण वायु, के कर्म संयमाग्नि में अर्पित।
    आत्म संयम योग अग्नि होता, ज्ञान से प्रज्ज्वलित।।27।।

28. तप यज्ञ, संपत्ति यज्ञ, अष्टांग योग यज्ञ करते।
    प्रबुद्ध दृढ़ व्रती स्वाध्याय से, ज्ञान योग यज्ञ करते।।28।।

29. अपान देते प्राण में, कुछ प्राण वायु प्राण में।
    कुछ अपान व प्राण रोक, स्थित हों प्राणायाम में।
    कुछ अल्पाहार करके, प्राण झोंकते प्राण में।।29।।

30. सभी यज्ञों से विद्वान, कर पाप आहूत शुद्ध होते।
    यज्ञ फल अमृत भोग, नित्य परम् ब्रह्म पा जाते।।30।।

31. यज्ञ बिना जब कोई, इस लोक में न सुखी तो।
    कुरुश्रेष्ठ! कहां फिर, यज्ञ बिन कोई सुखी हो।।31।।

32. वेदों में ब्रह्म मुख से, बताए गए अनेकों यज्ञ।
    होते कर्म से पैदा, मुक्ति देते हैं यह यज्ञ।।32।।

33. परन्तप! द्रव्यों से आत्मिक ज्ञान, आहुति बेहतर।
पार्थ! सब कर्म पूर्ण होते, आत्म ज्ञान में आकर।।33।।

34. नमन सेवा प्रश्न कर, इन यज्ञों के ज्ञान लो।
तत्वदर्शी ज्ञानी के, उपदेशों से यज्ञ ज्ञान लो।।34।।

35. पाण्डुपुत्र! इस ज्ञान से, संदेह फिर न होंगे।
अपने जैसे परमात्मा, जीवों में दिखेंगे।।35।।

36. पापियों में होगे यदि, सबसे पाप कर्मी भी तुम।
दिव्य ज्ञान नाव से होगे, दुःखों पापों पार भी तुम।।36।।

37. लकड़ियों को जला जैसे, अग्नि कर देती है राख।
ज्ञान की अग्नि, कर्म फलों को कर देती है राख।।37।।

38. ज्ञान से पवित्र है निश्चित, कुछ नहीं लोकों में।
कर्म की भक्ति लाती है, स्वयं सिद्धि लोगों में।।38।।

39. श्रद्धावान ज्ञान पाके, करते इन्द्रियां संयमित।
आत्म ज्ञान कराता, चिर परम् शान्ति से लाभित।।39।।

40. मूर्ख श्रद्धाहीन की आत्मा मार, आत्म सुख छीनता संशय।
दोनों लोकों में दुःख दे के, पतन ही देता संशय।।40।।

41. कर्मो के योगी संयासी, ज्ञान से काटते हैं भ्रम।
धनंजय! आत्म स्थित को, नहीं बाँध सकते हैं कर्म।।41।।

42. अज्ञान से मन उगे संशय, आत्म ज्ञान से काट तुम उठो।
भारत! योग स्थित हो कर, युद्ध करने तुम उठो।।42।।

**समाप्त हुआ, 'श्रीमद्भगवद्गीत' उपनिषद का।
ब्रह्म विद्या योग शास्त्र, श्री कृष्ण अर्जुन संवाद का।
चौथा अध्याय, 'ज्ञान कर्म संयास योग' नाम का।।**

अध्याय-5
कर्म त्याग एवं कर्म भक्ति मार्ग - संयास योग

अर्जुन बोले

1. हे कृष्ण! "त्यागो कर्म", फिर "भक्ति से करो" कहते।
   कृपया दो में एक बात, सुनिश्चित कर कह दें।।1।।

श्री भगवान बोले

2. कर्म छोड़ देना या, श्रद्धा भक्ति से करना।
   दोनों पथ हैं मुक्ति के, पर सुगम है भक्ति से करना।
   कर्म के संयास से, कर्म योग है सुगम करना।।2।।

3. महाबाहु! संयासी को, घृणा, इच्छा कुछ नहीं।
   सुख-दुःख निर्द्वन्द्व, रहता बंधन मुक्त हर कहीं।।3।।

4. सांख्य और योग दो मानते, मूर्ख न कि पण्डित।
   किसी एक पथ से, दो के फल लेते पण्डित।।4।।

5. सांख्य दे स्थान शान्ति का, वही योग भी देता।
   दोनों को जो एक देखता, वही सच में देखता।।5।।

6. महाबाहु! कर्म त्यागी, भक्ति योग बिन दुःख पाते।
   भक्ति युक्त सिद्ध पर, ब्रह्म धाम शीघ्र जाते।।6।।

7. योग साधक शुद्ध हृदय, आत्मा जीत नियंत्रित।
   समदर्शी सब जीव प्रिय, कर्म कर न कलंकित।।7।।

8. मैं कुछ नहीं करता, सत्य युक्त ज्ञानी ऐसे सोंचते।
   देखते, सुनते, छूते, सूँघते, चलते, सोते, सांस लेते।।8।।

9. बोलते, छोड़ते, पकड़ते, आँखें खोल बंद करते।
इंन्द्रियां करतीं विषयों पे, कर्म हम नहीं करते।।9।।

10. मोह छोड़ कर्म करता, कर के ब्रह्मा को सौंपता।
कमल पत्तों सा जल में, पाप छुए बिन रहता।।10।।

11. देह, मन, बुद्धि, इंद्रियां, योग (कर्म) करतीं केवल।
योगी मोह छोड़ (कर्म) करते, आत्म शुद्धि को केवल।।11।।

12. कर्म फलों का त्याग कर, शान्ति पाता कर्मयोगी।
भक्ति हीन फलास्क्त, कर्म से बँधता भोगी।।12।।

13. मन से सारे कर्म त्याग, सुख पा जाता संयमी।
नौ द्वारों की देह से, करके न करते संयमी।।13।।

14. न कर्म न कर्त्तापन, न कर्म फल रचें ईश्वर।
करते स्वाभाविक गुण, संयोग न देते ईश्वर।।14।।

15. पाप पुण्यो का दायित्व, नहीं है ईश्वर पर।
बुद्धि मोहित होती, अज्ञान से ज्ञान छुपने पर।।15।।

16. बुद्धि ज्ञान से जिनकी, नष्ट करती है अज्ञान।
सूर्य सी करती है, प्रज्ज्वलित परम आत्म ज्ञान।।16।।

17. बुद्धि, आत्मा, निष्ठा, ईश्वर में धर जाते।
आत्म ज्ञान से हो पाप शुद्ध, मुक्त हो तर जाते।।17।।

18. विद्वान विनम्र ब्राह्मण, गाय हाथी समान देखते।
कुत्ते, कुत्ता भक्षी चाण्डाल, पण्डित समान देखते।।18।।

19. जीवन-मृत्यु चक्र जीतते, एक भाव समदर्शी ही।
सदा ब्रह्म स्थिति पाते, ब्रह्म समान निर्दोष ही।।19।।

20. न प्रिय पा के हर्षित, न अप्रिय पा के विचलित।
मोह संशय हीन स्थिर, बुद्धि जिसकी ब्रह्म में स्थित।।20।।

21. विषय बाहरी न मोहते, आत्म स्थित सुखी को।
परमानन्द हैं मिलते, ब्रह्म ध्यानी उस सुखी को।।21।।

22. इन्द्रियों के विषयों से, सम्पर्क से मिलते जो सुख।
शुरु होकर खत्म होते, अन्त में दे जाते दुःख।
कुन्ती पुत्र! बुद्धिमान को, तभी नहीं भाते यह सुख।।22।।

23. देह छोड़ने से पूर्व तक, काम क्रोध के वेग सहते।
योग युक्त होके वे लोग, जग में सुखी हो के रहते।।23।।

24. सुखी आनन्दित ज्योतिर्मय, अन्तर मन से जो योगी।
ब्रह्म सिद्धि शान्ति मय, मुक्ति ब्रह्म में पाता योगी।।24।।

25. पापों से मुक्त ऋषि, आत्मा से दुविधा मुक्त जो।
जीव कल्याण में लगे हुए, ब्रह्म पाके मुक्त हो।।25।।

26. काम क्रोध मुक्त साधु, मन को रखते वश में जो।
ब्रह्म की मुक्ति पाते हैं, आत्म ज्ञान के वश में वो।।26।।

27. इन्द्रीय विषय दूर कर, दृष्टि भौहों के बीच रोक।
श्वास उच्छवास बराबर कर, नथुनों के बीच रोक।।27।।

28. बुद्धि इन्द्रियां मन वश कर, लक्ष्य मोक्ष जिन मुनि का।
क्रोध भय इच्छा मुक्त वो, सचमुच ही मुक्त होता।।28।।

29. त्रिलोकी महेश्वर यज्ञ तप भोक्ता, जीव सखा स्वामी हित कर्त्ता।
परम शान्ति वो भक्त पाता, जो मुझे ऐसे जान सकता।।29।।

**समाप्त हुआ, 'श्रीमद्भगवद्गीत' उपनिषद का।
ब्रह्म विद्या योग शास्त्र, श्रीकृष्ण अर्जुन संवाद का।
पांचवा अध्याय, 'संयास योग' नाम का।।**

अध्याय-6

जन्म दर जन्म योगाभ्यास - आत्म संयम योग

श्री भगवान बोले

1. कर्म करे फल इच्छा छोड़े, वह त्यागी भी है सन्यासी भी।
न अग्नि जलाए न कर्म करे, नहीं हो पाता संयासी भी।।1।।

2. पाण्डव! जानो संयास को योग, परम ब्रह्म युक्त होना।
न कि कर्म फल भोग इच्छा, त्यागने से मुक्त होना।।2।।

3. नए योग साधक के लिये, कर्मों का करना ही साधन।
मगर सिद्ध योगी के लिये, भौतिक कर्म त्याग ही साधन।।3।।

4. जो न इन्द्रीय भोग न, स्वार्थ के लिये कर्म करते।
इच्छा त्यागने वाले वो, योग सवार हुआ करते।।4।।

5. स्वयं न डूबे आत्मा, इसे आत्मोन्नत होने दो।
मित्र भी है शत्रु भी, इसे आत्म निर्भर होने दो।।5।।

6. मन जीतने वाले की, मित्र होती है आत्मा।
मन से हारने वाले की, शत्रु होती है आत्मा।।6।।

7. मन जीत के शान्ति पाई, जीत लिये परमात्मा।
सुख-दुख, सर्दी-गर्मी, मान-अपमान झेल एकात्मा।।7।।

8. आत्मा ज्ञान विज्ञान तृप्त, जितेन्द्रिय आत्म स्थित।
मिट्टी स्वर्ण एक देखें, हैं आत्मदर्शी योग स्थित।।8।।

9. हितैषियों, मित्रों, तटस्थों, मध्यस्थों, ईर्ष्यालुओं, को।
शत्रुओं, साधुओं, पापियों को, एक भाव देख योग
सिद्धि हो।।9।।

10. योगी को देह मन से, रहना चाहिये ईश्वर लीन।
    एकाकी आत्म केन्द्रित, इच्छा स्वामित्व से विहीन।।10।।

11. साफ घास पर कपड़ा, और हिरन की खाल बिछाकर।
    ऊँचे न नीचे आसन पे बैठे, योग में ध्यान लगा कर।।11।।

12. स्थिर बुद्धि से इन्द्रियों की, गति क्रियाएं वश करते।
    आत्म शुद्धि के लिये, ध्यानस्थ योगाभ्यास करते।।12।।

13. देह गर्दन और सिर एक सीध में रखकर।
    नाक की नोक देखते, किसी ओर न देखकर।।13।।

14. शान्त मन से भय हीन, ब्रह्मचर्य व्रत लेकर।
    संयमित मन से, परमात्मा युक्त होकर।।14।।

15. ध्यानाभ्यास से आत्म बुद्धि, नियंत्रित करता योगी।
    मुझ (ईश्वर) में बसने वाली, परम शान्ति पाता योगी।।15।।

16. अर्जुन! पेटू या भूखे, के बस का है नहीं योग।
    अधिक सो जाग के भी, कोई कर सकता नहीं योग।।16।।

17. जिसका जीवन आहार विहार, सारे कर्म हों नियमित।
    सोता जागता संयमित, योग से दुःख करता वो खण्डित।।17।।

18. अनुशासित हो कर मन, जब आत्म स्थित होता।
    काम इच्छा मुक्त होकर, योग स्थित होता।।18।।

19. वायु हीन स्थान पर जैसे, दिये की लौ नहीं हिलती।
    आत्म स्थित की आत्मा, कामनाओं से नहीं डिगती।।19।।

20. जब योग सुख से जुड़ मन, हो शान्त और न भागे।
    झाँक के खुद के ही भीतर, वो आत्म तुष्ट हो जागे।।20।।

21. योग स्थित मन सत्य से, न डिगे मन न हो विचलित।
    इन्द्रियों की पहचान से दूर, अनन्त शान्ति हो लक्षित।।21।।

22. आत्मिक सुख पाकर, कुछ और फिर न भाता है।
    कितने भी कष्ट आएं, मन उनसे हिल न पाता है।।22।।

23. दर्द से जोड़ का ऐसा, अलगाव ही होता है योग।
निश्चित दृढ़ बुद्धि से ही, होना चाहिये यह योग।।23।।

24. योग का अभ्यास निश्चित, अडिग मन से करना।
मन से मोह इच्छा त्याग, इन्द्रियां वश करके करना।।24।।

25. धीरे धीरे, विश्वास बुद्धि से हो आत्म समाधिस्थ।
कुछ सोंचे बिन शान्ति से, मन करो आत्मा स्थित।।25।।

26. जब जब निश्चल मन भागे, चंचल हो अस्थिर।
तब तब उसको वश में, खींच करो फिर से स्थिर।।26।।

27. शान्त मन योगी की, सुख प्राप्ति होती उत्तम।
कामेच्छा पाप मुक्त, पाके रहता है परम् ब्रह्म।।27।।

28. योग स्थित हो जाता, पूरी तरह से दुःख मुक्त।
दिव्य सुख पा जाता, होकर परमात्मा युक्त।।28।।

29. आत्मा योग में स्थित, सब को देखे समभाव।
हर जीव में परम आत्मा, परमात्मा में जीव भाव।।29।।

30. जो जीवों में मुझको, मुझमें जीवों को देखता।
न वह छुपता मुझसे, न मैं उससे छुपता।।30।।

31. मुझे हर जीव में जो, बसा जान कर भजता।
वो योगी मेरे मन में, सदा सर्वदा बसता।।31।।

32. अर्जुन! सर्वोच्च योगी, हर प्राणी खुद सा पाता।
आत्मा उत्पन्न सुख-दुःख, सबमें खुद सा पाता।।32।।

अर्जुन बोले

33. मधुसूदन! साम्य (एक भाव मन) से, आपने योग विधि बताई।
भागते मन के रहते, लगती नहीं स्थायी।।33।।

34. बल से उड़ा देता बुद्धि, हे! कृष्ण चंचल मन तो।
वायु से ज़िद्दी बली का, कैसे वशीकरण हो।।34।।

श्री भगवान बोले

35. कुन्ती पुत्र! आसान नहीं है, लगाम लगाना मन को।
    वैराग्य व योगाभ्यास से, पर है सम्भव सबको।।35।।

36. आत्म संयम बिन मेरे, मत से योग है दुष्कर।
    नियम, संयम, और अभ्यास, सफलता देते हैं पर।।36।।

अर्जुन बोले

37. श्रद्धा से करते भी कृष्ण, संघर्ष अभ्यास से भागे कोई।
    बुद्धि भटका योग में असफल, कौन गति पाए कोई।।37।।

38. कृष्ण! बुद्धि व योग से भ्रष्ट, छिन्न-भिन्न मेघ से होते क्या।
    ज्ञान कीर्ति ब्रह्म खो वे, कोई लोक न पाते क्या।।38।।

39. प्रार्थना है हे! प्रभु कृष्ण, संदेह दूर करें मेरा।
    सिवा आपके है कौन, जो शक दूर करे मेरा।।39।।

श्री भगवान बोले

40. पृथा पुत्र! कल्याणकारी, किसी लोक नहीं होते नष्ट।
    श्रेष्ठ भलाई किसी जन्म मित्र, बुराई से न हो पथ भ्रष्ट।।40।।

41. वह लोक पुण्य कर्मियों के, जाता भोग को वर्षों।
    मिलता लौट सत्कर्मियों, घनाड्यों में जन्म उसको।।41।।

42. या बुद्धिमान योगी कुल में, जन्म लेते आके वो।
    कठिन हैं समझनी बातें, जन्म लेने की यों।।42।।

43. कुरूनन्दन! पूर्व जन्म का, अर्जित ज्ञान फिर पाता।
    योग सिद्धि को यत्न करने, यहां जन्म ले फिर आता।।43।।

44. पिछले जन्मों किये योग से, स्वतः हो के वो आकर्षित।
    वेदों परे का सिद्ध योगी, हो जाता पार ब्रह्म स्थित।।44।।

45. जन्मों जन्म प्रयासों से, पाप नष्ट हो धुल जाता।
बार-बार के योग से, हो सिद्ध परम् लक्ष्य पाता।।45।।

46. तप, ज्ञान, बुद्धि और कर्म में, योगी सब से श्रेष्ठ है।
अतः योगी बनो अर्जुन! योग यत्न सर्व श्रेष्ठ है।।46।।

47. योगियों में भी जो पूरे, अन्तर्मन से मुझे भजता।
श्रद्धा भक्ति से मुझमें युक्त, परम सिद्ध योगी बनता।।47।।

समाप्त हुआ, 'श्रीमद्भगवद्गीत' उपनिषद का।
ब्रह्म विद्या योग शास्त्र, श्रीकृष्ण अर्जुन संवाद का।
छठा अध्याय, 'आत्म संयम' नाम का।।

अध्याय-7
आत्म ज्ञान और अन्तः ज्योति – ज्ञान विज्ञान योग

1. मन मुझमें योग स्थित, पार्थ! मुझ पर हो निर्भर।
   निस्संदेह जान सकते मुझे, कैसे ज्ञान लो सुनकर।।1।।

2. पूरा ज्ञान यह तुमको, विज्ञान के साथ मैं दूँगा।
   जिसे जान के जानने योग्य, और कुछ नहीं होगा।।2।।

3. हज़ारों में सिद्धि हेतु, कोई ही प्रयत्न करता।
   सिद्धों में भी कोई ही, मुझे सच में जान सकता।।3।।

4. भू, जल, अग्नि, वायु, नभ, मन, अहं, मेधा।
   जड़ प्रकृतियां यह मेरी, निम्न होती हैं अष्ठधा
   (आठ प्रकार की)।।4।।

5. जड़ प्रकृतियों के सिवा, एक उच्च चेतन जानो।
   जीवों की आत्मा रूप में, करूँ जग धारण जानो।।5।।

6. यही दो योनियां (प्रकृतियां/शक्तियां) मेरी, जीव सारे हैं धरतीं।
   सारे जग के जन्म और, मृत्यु का कारण रहतीं।।6।।

7. धनंजय! मुझसे श्रेष्ठ, नहीं कहीं कोई या कुछ है।
   मेरे धागे में मोती सा, गुंथा जग का सब कुछ है।।7।।

8. प्रभा सूर्य शशि की कुन्ती पुत्र! जल में मैं रस हूँ।
   'ऊँ' शब्द हूँ वेदों का, नरों का मैं पौरूष हूँ।।8।।

9. सोंधी गंध हूँ, धरती की, ऊष्मा हूँ मैं अग्नि की।
   जीवों का हूँ मैं जीवन, तपस्या हूँ तपस्वी की।9।।

10. पार्थ! जानों हूँ सनातन, बीज मैं जानवानो का।
    बुद्धि हूँ बुद्धिमानों की, तेज हूँ मैं तेजवानो का।।10।।

11. बलवानों का बल हूँ मैं, काम राग रहित हूँ मैं।
भरत ऋषि! धर्मात्माओं में, बसा काम भी हूँ मैं ।।11।।

12. सत्व, रजस, तमस, मेरी शक्ति से हैं तीनों भाव।
मैं उनमें नहीं पर, उनका मुझमें है पूरा भाव।।12।।

13. तीनों गुणों से मोहित, सारा जग रहता है।
मुझ गुणातीत अव्यय को, मोह फंसा जग नहीं जानता है।।13।।

14. दिव्य तीनों गुणों की मेरी, माया पाना है मुश्किल।
मुझमें ले के शरण, उसके पार जाना न मुश्किल।।14।।

15. मूर्ख दुष्ट मेरी नहीं, नराधमों की लेते हैं शरण।
असुर भाव मिलते उनको, माया करती है ज्ञान हरण।।15।।

16. अर्जुन चार प्रकार के भक्त, मुझको भजते हैं।
भरत श्रेष्ठ! सुख, जिज्ञासा, धन या ज्ञान जो चाहते हैं।।16।।

17. इनमें मुझको भक्ति योग युक्त, ज्ञानी ही भाते हैं।
मैं उनका हूँ प्रिय, वो मेरे प्रिय होते हैं।।17।।

18. उदार और ज्ञानी लोग, मेरे मत में मुझ जैसे हैं।
मुझमें युक्त भक्ति से बैठे, मुझको प्राप्त हुए से हैं।।18।।

19. अनेकानेक जन्म ले के, ज्ञानवान मुझे पाते हैं।
महात्मा वो दुर्लभ जो, वासुदेव सब कुछ मानते हैं।।19।।

20. कामों से क्षीण बुद्धि, अन्य देवता पूज लेते।
मनमाने नियमों से, कैसे भी उन्हें भज लेते।।20।।

21. जिस इच्छा श्रद्धा से, भक्त पूजते जो देवता।
वो वो इच्छा श्रद्धा, उनकी मैं दृढ़ कर देता।।21।।

22. जिस इच्छा श्रद्धा से, जिस देव की हुई पूजा।
मैं पूरी करवाता हूँ, उसी देव की वही पूजा।।22।।

23. छोटी बुद्धि वाले लोग, क्षण भंगुर फल पाते हैं।
देवता पूज के देवता, मुझको पूज मुझे पाते हैं।।23।।

24. अप्रकट था मैं प्रकट हुआ, अल्पज्ञ इसे सत्य माने।
    अनश्वर मुझ सर्वश्रेष्ठ की, परम सत्ता बिन जाने।।24।।

25. छुपा रहूँ योग माया से, मूर्खों को नहीं दिखता।
    अविनाशी अजन्मा हूँ, मूर्ख यह नहीं समझता।।25।।

26. भूत भविष्य और वर्त्तमान, अर्जुन! मुझको सब है पता।
    मुझको कोई नहीं जानता, हर जीव मुझको है पता।।26।।

27. इच्छा द्वेष से मोहित, होते हैं सभी भारत।
    मोह ग्रस्त फिर जन्म ले, मोह ही पाते भारत।।27।।

28. जिनके पुण्य कर्मों से, सारे पाप मिट जाते हैं।
    द्वन्द्व मोह मुक्त होके दृढ़, वे मुझे भज पाते हैं।।28।।

29. प्रयत्न वे मेरे सहारे, रोग मृत्यु मोक्ष हित करते।
    ज्ञानी ब्राह्मण स्वयं, सारे ही कर्म दिव्य करते।।29।।

30. यह विद्वान अधिभूत, अधिदैव, अधियज्ञ में मुझे मानें।
    मृत्यु काल में भी यह ज्ञानी, चेतना से मुझे जानें।।30।।

समाप्त हुआ, 'श्रीमद्भगवद्गीत' उपनिषद का।
ब्रह्म विद्या योग शास्त्र, श्रीकृष्ण अर्जुन संवाद का।
सातवां अध्याय, 'ज्ञान विज्ञान योग' नाम का।।

अध्याय-8
ध्यान योग - अक्षर ब्रह्म योग

अर्जुन बोले

1. ब्रह्म क्या अध्यात्म क्या, है कर्म क्या पुरुषोत्तम।
क्या है अधिदेव, किसको कहते अधिभूतम्।।1।।

2. कैसे कौन हैं अधियज्ञ, इस देह में मधुसूदन।
मरते कैसे जानते आपको, होता जिनमें आत्म संयम।।2।।

श्री भगवान बोले

3. परम अक्षर ब्रह्म है, स्वभाव उसका है अध्यात्म।
इन्हें पैदा करने की, क्रिया को देते कर्म नाम।।3।।

4. अधिभूत नश्वर प्रकृति, पुरुष अधिदेव सर्वश्रेष्ठ।
अधियज्ञ हूँ मैं ही देह बसी, अन्तरात्मा पुरुष श्रेष्ठ।।4।।
{अधियज्ञ हूँ मैं ही देह तत्वों का पुरुष (वर/स्वामी) श्रेष्ठ}

5. मृत्युकाल जो मेरी याद, करते देह छोड़ जाते।
किंचित न संदेह, स्वभाव वो मेरा पा जाते।।5।।

6. जिन भावों की याद में, देह छोड़ कोई जाता।
कुन्ती पुत्र! निश्चित वो, उन भावों को ही पाता।।6।।

7. मेरा ध्यान करते हुए, युद्ध (संघर्ष) कर्त्तव्य करो नित।
करो बुद्धि मन अर्पित, हूँगा प्राप्त मैं निश्चित।।7।।

8. पार्थ! अडिग चेतना से, योगाभ्यास करो तुम।
नित चिंतन कर मेरा, पद प्राप्त करो तुम।।8।।

9. सर्वज्ञ आदि नियंता, जो सूक्ष्म पालक है सबका।
करो ध्यान उस अचिन्त्य का, सूर्य सा रूप है जिसका।।9।।

10. मृत्यु काल स्थिर मन से, भक्ति योग के बल से।
प्राण भौहों बीच रखके, परम् दिव्य हैं मिलते।।10।।

11. वेदज्ञ अक्षर कहते, जिसमें मुक्त संयमित चलते।
वह सूक्ष्म लक्ष्य बताऊँगा,
जिसे पाने ब्रह्मचर्य (व्रत) करते।।11।।

12. संयम से देह द्वार बन्द, कर हृदय में मन भी।
प्राण योग में धरते, अध्यात्म में मूर्धन्य ही।।12।।

13. ब्रह्म अक्षर 'ऊँ' बोल के, मेरा नाम जपना।
परम लक्ष्य पाने, मृत्यु समय में याद करना।।13।।

14. अनन्य भक्ति से हर दम, याद मुझे जो करता।
सुलभ उसको मैं पार्थ!, मुझमें जुड़ा (युक्त) योग करता।।14।।

15. मुझमें रहना, शाश्वत दुःख घर (देह) छुड़ाता है।
सिद्ध पाते मेरी गति, उन्हें नहीं लौटाता मैं।।15।।

16. ब्रह्म तक अर्जुन, सारे लोक लौटाते हैं।
मुझ तक आके कुन्ती पुत्र!, पुनर्जन्म नहीं पाते हैं।।16।।

17. हजार युग बनाते हैं, एक दिन ब्रह्म लोक का।
हजार युग की रात, विद्वान जानते इस लोक आ।।17।।

18. ब्रह्म दिन निकलते ही, अव्यक्त जीव प्रकटते हैं।
रात्रि को प्रलय में, लुप्त घुल के होते हैं।।18।।

19. रात्रि के प्रारम्भ में, विलुप्त फिर हो जाते हैं।
अवश यह विलुप्त, दिन निकलते फिर दिखते हैं।।19।।

20. मगर वो एक शाश्वत, परे व्यक्त अव्यक्त से।
जीवों के घुल जाने पर, न नष्ट होते न व्यथित वे।।20।।

21. अप्रकट अक्षर कहते, परम पुरुष के गंतव्य को।
नहीं लौटते पा के मेरे, परम धाम परम् लक्ष्य को।।21।।

22. परम पुरुष वो हे पार्थ!, अनन्य भक्ति से मिलता है।
उस सर्वव्यापी के धाम में, व्यक्त जग धरा मिलता है।।22।।

23. कहूँगा भरत श्रेष्ठ!, वो काल जिनमें जाके।
मृत्यु बाद वापस योगी, आते या नहीं आते।।23।।

24. ब्रह्मज्ञानी उत्तरायण के, शुक्ल पक्ष में चलते हैं।
पार ब्रह्म पहुँच जाते, वापस नहीं पलटते हैं।।24।।

25. धूम्र रात्रि कृष्ण पक्ष, छ: महीनों का दक्षिणायन।
ज्योतिर्योगी चलें चन्द्रलोक, लगा रहे आवन जावन।।25।।

26. शुक्ल कृष्ण पक्ष वेदों में, शाश्वत हैं पथ दो।
शुक्ल से न लौटते, कृष्ण से लौट आते लोग।।26।।

27. मोहित दो पथ जानकर, नहीं रहते हैं योगी।
अर्जुन! रात दिन, योग स्थित ही रहते हैं योगी।।27।।

28. यज्ञ, वेद, तप, दान, हैं पुण्य कर्म दें सत्य ज्ञान।
लेते भक्ति से ही योगी, सारे फल और मुक्ति धाम।।28।।।

समाप्त हुआ, 'श्रीमद्भगवद्गीत' उपनिषद का।
ब्रह्म विद्या योग शास्त्र, श्रीकृष्ण अर्जुन संवाद का।
आठवां अध्याय, 'अक्षर ब्रह्म योग' नाम का।।

अध्याय-9
परम गूढ़ रहस्य ज्ञान – राज विद्या राज गुह्य योग

श्री भगवान बोले

1. दूँगा गूढ़तम ज्ञान तुम, अवगुण नहीं देखते हो।
    विज्ञान जिससे मोक्ष पा, इस अशुभ भव से छुटते हो।।1।।

2. परम गुप्त राज विद्या, पवित्र है यह उत्तम।
    धार्मिक अव्यय प्राप्ति, अभ्यास में भी है सुगम।।2।।

3. जिनकी धर्म में श्रद्धा, न आस्था परन्तप!।
    उन्हें मैं नहीं मिलता, करें आ जा मृत्यु पथ।।3।।

4. आवृत्त सारा ब्रह्माण्ड, अव्यक्त रूप से मेरे।
    मैं नहीं उनके भीतर, वे सब अंदर मेरे।।4।।

5. मुझमें रह जुड़ा न कोई, मेरा योग ऐश्वर्य देखो।
    दे सबको जन्म पोषण, सर्वत्र अलग मैं देखो।।5।।

6. हर ओर बहती वायु, रहती आकाश में ही।
    वैसे जन्म ले लेकर, जीव रहते मुझमें ही।।6।।

7. कल्पान्त में हर प्राणी, मेरी प्रकृति में आता।
    मैं कल्पारम्भ में रच, उन्हें फिर से जन्माता।।7।।

8. प्रकृति से अपनी रचता, जीवों को मैं बार-बार।
    प्रकृति से नियंत्रित, मेरी माया करती यह (कार्य) हर बार।।8।।

9. मुझे कभी मेरे कर्म, नहीं बाँधते धनंजय!।
    उदासीन मैं इनसे, आसक्त नहीं धनंजय!।।9।।

10. मेरी माया सत्ता से, जड़ जीव जन्म हैं लेते।
कुन्तीपुत्र! इसी तरह, सारे संसार हैं चलते।।10।।

11. हँसते हैं मुझपे मूर्ख, देह धारी समझ कर।
मुझ परमेश्वर का, परम भाव न समझ कर।।11।।

12. डिगी चेतना से आशा, कर्म और ज्ञान मरते।
राक्षसी प्रकृति के, संदेह से मोह भर के।।12।।

13. दैवी प्रकृति निर्भर, पार्थ! महापुरुष मुझे मानकर।
मुझे भजते हैं, अनन्य मन से, अव्यय सृष्टि
स्त्रोत मान कर।।13।।

14. नित कीर्त्तन दृढ़ व्रत कर, प्रयास पाने का करते।
पूजते भक्ति युक्त नित्य, नमन मुझको करते।।14।।

15. ज्ञान यज्ञ करके कुछ, मुझ सर्वत्र को पूजते।
ब्रह्माण्ड जुड़े अलग, विविध या विश्व रूप को पूजते।।15।।

16. मैं ही यज्ञ कर्म, मैं स्वधा, मैं ही औषधि हूँ।
मैं मंत्र, घी, अग्नि, भेंट, मैं ही आहुति हूँ।।16।।

17. लोकों का पिता, माता, आश्रय, पितामह हूँ।
ज्ञेय, शोधक, 'ॐ' हूँ, ऋग, साम, यजु वेद हूँ।।17।।

18. लक्ष्य, पालक, प्रभु, साक्षी, हूँ धाम, शरण स्थल।
आधार सृष्टि प्रलय का, अव्यय बीज विश्राम स्थल।।18।।

19. अर्जुन! तप हूँ ताप देता, वर्षा भेजता रोकता।
अमरत्व मृत्यु देता, मैं सत् मैं असत् होता।।19।।

20. त्रिवेदज्ञ सोम रस (अमृत) पी के, पाप शुद्ध हो करके।
पुण्यात्मा हो कर स्वर्ग, जाने को यज्ञ करते।।20।।

21. पुण्य फल स्वर्ग में भोग, पुण्य खत्म कर फिर लौटते।
त्रिवेदज्ञ धर्म पालक, भोग भोग फिर फिर लौटते।।21।।

22. मुझे एक लक्ष्य चिन्तन, अनन्य भक्ति से पूज के।
अपने योग क्षेम का, मुझको भक्त वाहक पाते।
उनकी कमियां पूरी करूँ, योग संगरक्षण दूँ आके।
भक्ति पूजन उनका मैं, वहन करता हूँ पा के।।22।।

23. जो भक्त अन्य देवताओं, को भी श्रद्धा से पूजते।
कुन्ती पुत्र! मुझे ही वो, विधि बिन विधि पूजते।।23।।

24. मैं देवता खुश भोक्ता, सब यज्ञों का होता।
मेरी प्रभुता नहीं जानने, वाला नष्ट होता।।24।।

25. देवता पूज देवों में, पितर पूज पितरों में।
पूज भूत प्रेतों में, पूज मुझे जन्मते मुझमें।।25।।

26. भक्ति से पत्ते, फल, फूल, जल जो भी भेंट करता।
मैं उस शुद्धात्मा की, हर भेंट ले के खाता।।26।।

27. जो भी करते खाते, जो भी दान तप करते।
कुन्ती पुत्र! मुझे अर्पित, करो वो सब करके।।27।।

28. यूँ शुभ अशुभ फलों के, कर्मों से छुट कर।
संयास योग से मुझे पाओ, कर्म बंधनों से छुट कर।।28।।

29. मेरे लिये सब जीव समान, बैर-प्रीति न किसी से।
जो मुझे भजते भक्ति से, वो मुझमें मैं उन्हीं में।।29।।

30. मुझे भजते दुराचारी भी, यदि साधु मन से।
साधु मानने चाहिये, पथ से साधु पन के।।30।।

31. शुद्ध धर्मात्मा हो के, सतत् शान्ति पाता।
कुन्ती पुत्र! निडर कहो, मेरा भक्त नष्ट नहीं होता।।31।।

32. पार्थ! पाप योनियां भी यदि, मेरी शरण में आ जाएं।
नीच, वैश्य, स्त्री, शूद्र भी, परम धाम मेरा पाएं।।32।।

33. फिर तो पुण्य कर्मियों, राजर्षियों का क्या कहना।
क्षणिक सुख के इस लोक, मुझे भज के ही पाना।।33।।

34. चिंतन भक्ति पूजा मेरी, मेरा नमन करोगे।
मुझमें पूर्ण स्थित होके, मेरे पास आ रहोगे।।34।।

समाप्त हुआ, 'श्रीमद्भगवद्गीत' उपनिषद का।
ब्रह्म विद्या योग शास्त्र, श्रीकृष्ण अर्जुन संवाद का।
नवां अध्याय, 'राज विद्या राज गुह्य योग' नाम का।।

अध्याय-10
श्री भगवान के ऐश्वर्य - विभूति योग

श्री भगवान बोले

1. महाबाहु अर्जुन! मेरी, परम राय फिर सुनना।
   प्रिय मित्र कहता, कल्याण हित फिर सुनना।।1।।

2. विद्वान न सुर न महर्षि, जानते कि मैं करता उत्पन्न।
   क्योंकि देव व ऋषि भी, होते मुझसे ही उत्पन्न।।2।।

3. जो अनादि, अजन्मा, लोक महेश्वर मुझे जानते।
   मोह रहित मरणशील वो, पाप मुक्त हो जाते।।3।।

4. बुद्धि, ज्ञान, मोह हीनता, संयम, क्षमा, सत्यता।
   सुख-दुःख, जन्म-मरना, भय या निर्भयता।।4।।

5. अहिंसा, समभाव, संतुष्टि, दान, यश, अपयश।
   भाव लोगों में भिन्न भिन्न, मेरे ही कारण वश।।5।।

6. पूर्व काल के सप्त महर्षि, चार मनु मेरे भाव मन से।
   पैदा हुए लोकों में, प्रजा फैली पैदा हो जिनसे।।6।।

7. ऐश्वर्य और योग मेरा, जो जानते हैं तत्व से।
   निश्चित मुझसे जुड़ते, हो के योग युक्त वे।।7।।

8. मैं सबका उत्पत्तिकर हूँ, मुझसे सब फैले।
   मन से मुझको भज, ज्ञानी मुझको पा लें।।8।।

9. मन, चित्त, प्राण से, मेरा आपस में विचार कर।
   सन्तुष्ट होते भक्त, मुझमें मन को उतार कर।।9।।

10. मुझे भजते प्रेम से, निरंतर जुड़े मुझसे।
बुद्धि योग देता जिससे, आ मिलते वे मुझसे।।10।।

11. पार्थ अनुकम्पा को, आत्म भाव में आता।
जला ज्ञान का दीप, तम अज्ञान का मिटाता।।11।।

अर्जुन बोले

12. परम् ब्रह्म हैं परम् धाम, परम् शुद्ध प्रभु हैं आप।
शाश्वत पुरुष दिव्य हैं, आदि, अजन्मे सर्वोच्च आप।।12।।

13. आपकी चर्चा करें देवर्षि, नारद, असित, देवल, व्यास।
भगवान! आज आप भी, बता रहे हैं खुद (स्वयं)
अपनी बात।।13।।

14. मैं सब सत्य मानता, जो आप ने कहा केशव!
निश्चय भगवद् रूप आपका, नहीं जानें देव दानव।।14।।

15. स्वयं अपना पौरुष, आप ही जानें पुरुषोत्तम।
हे! जीव पिता प्रभु, देवों के देव! ब्रह्माण्डोद्गम।।15।।

16. विस्तार से कहिये दिव्य, अपनी विभूतियां सब प्रभु।
जिनमें इन लोको में बैठे, व्याप्त हैं आप प्रभु।।16।।

17. कहिये विद्या योग, जिससे आपको सोंचा करूँ।
किस किस रूप किस किस भाव, प्रभु!
आपको भजा करूँ।।17।।

18. सविस्तार कहें योग शक्तियां, ऐश्वर्य अपने जनार्दन।
सुन सुन अतृप्त हूँ, अमृत बोल आपके जनार्दन!।।18।।

श्री भगवान बोले

19. हाँ तुमसे कहूँगा सब मैं, दिव्य अपनी विभूतियां।
कुरुश्रेष्ठ! मुख्यतः हैं, अनन्त असीम यह विभूतियां।।19।।

20. गुडाकेश! आत्मा हूँ, जीवों के रहता मन में।
आदि मध्य हूँ उनका, और अन्त भी मैं उन में।।20।।

21. आदित्यों में विष्णु, ज्योतियों में सूर्य हूँ तेजवान।
हवाओं में मारुत मुझे, नक्षत्रों में चन्द्र जान।।21।।

22. हूँ वेदों में साम मैं, स्वर्ग राज इन्द्र देवों में।
हूँ इन्द्रियों में मन मैं, चेतना सारे जीवों में।।22।।

23. रुद्रों में शंकर हूँ, कुबेर हूँ राक्षसों में मैं।
वसुओं में अग्नि हूँ, मेरु हूँ पर्वतों में मैं।।23।।

24. पुरोहितों में प्रमुख जानो, पार्थ! बृहस्पति मुझे।
सेनानियों में स्कन्ध मानो, जलाशयों में उदधि मुझे।।24।।

25. महर्षियों में भृगु हूँ मैं, वाणी में दिव्य अक्षर 'ऊँ'।
यज्ञों में जाप हूँ मैं, अडिगों में हिमालय हूँ।।25।।

26. वृक्षों में बरगद हूँ मैं, देवर्षियों में नारद मैं।
गंधर्वों में चित्ररथ मैं, सिद्धों में मुनि कपिल मैं।।26।।

27. उच्चैश्रव हूँ अश्वों में, अमृत का जाया मानो।
ऐरावत हूँ हाथियों में, नरों में राजा मानो।।27।।

28. शस्त्रों मे मैं हूँ वज्र (देवराज इन्द्र का शस्त्र),
गायों में काम धेनु (इच्छा पूर्त्ति गाय) हूँ।
संभोग में काम देव, सर्पों में वासुकि हूँ।।28।।

29. नागों में अनन्त, जलचरों में वरुण हूँ मैं।
पितरों में अर्यमा, नियामकों में यम हूँ मैं।।29।।

30. दैत्यों में प्रह्लाद, दमन में महाकाल हूँ।
पशुओं में सिंह, खगों (पक्षियों) में गरूड़ विशाल हूँ।।30।।

31. पवित्रकारी वायु मैं, शस्त्र धारियों में हूँ राम।
मगर हूँ मछलियों में मैं, जल सोतों में गंगा नाम।।31।।

32. आदि अन्त और मध्य भी, सब सृष्टियों का मैं अर्जुन!।
विद्याओं में अध्यात्म भी, तर्कों का हल मैं अर्जुन!।।32।।

33. अक्षरों में ओंकार हूँ मैं, समासों में द्वन्द्व समास।
अक्षय काल भी हूँ मैं, स्रष्टा मैं ब्रह्मा मुख खास।।33।।

34. सबको हरती मृत्यु हूँ, भावी सृष्टि करुँ पैदा भी।
नारियों में कीर्त्ति, श्री, वाणी, स्मृति, क्षमा, धृति, मेघा भी।।34।।

35. वृहत्साम भी साम गीत भी, मंत्रों में गायत्री मैं।
मार्ग शीर्ष हूँ माहों में, ऋतुओं में बसन्त भी मैं।।35।।

36. छलियों में जुआ हूँ मैं, तेजस्वियों में तेज हूँ।
विजय हूँ, व्यवसाय हूँ, भलों का सत्व नेक हूँ।।36।।

37. वृष्णियों में वासुदेव मैं, पाण्डवों में अर्जुन हूँ।
मुनियों में व्यास मैं, कवियों में कवि उश्न हूँ।।37।।

38. दमन साधनों में दण्ड हूँ, जीत की चाह में नीति मैं।
सारे रहस्यों में मौन हूँ, ज्ञानवानों में ज्ञान मैं।।38।।

39. अर्जुन! सृष्टियों में है जो भी, हूँ उसका बीज मैं।
कोई नहीं मेरे बिन, जड़ में मैं जीव में मैं।।39।।

40. परंतप! नहीं कोई अन्त, मेरे दिव्य ऐश्वर्य अनन्त।
उदाहरण भर दिये कुछ, पर हैं विभूतियाँ मेरी असंख्य।।40।।

41. सभी विभूतियाँ सुनो मेरी, तेज श्री सौन्दर्य भरी।
अंश भर से उत्पन्न हो, जग भर में फैली पड़ीं।।41।।

42. अधिक जानने से तुमको, नहीं लाभ कोई है अर्जुन!।
अंश भर से ब्रह्माण्ड में, पूरा छाया हूँ मैं अर्जुन!।।42।।

समाप्त हुआ, 'श्रीमद्भगवद्गीत' उपनिषद का।
ब्रह्म विद्या योग शास्त्र, श्रीकृष्ण अर्जुन संवाद का।
दसवां अध्याय, 'विभूति योग' नाम का।।

अध्याय-11
श्री भगवान का विराट विश्व रूप दर्शन - विश्व रूप दर्शन योग

अर्जुन बोले

1. प्रभु! मुझ पर कृपा कर, परम गहरा अध्यात्म ज्ञान।
स्वयं दे दिया बोलकर, मिटे मेरे संदेह अज्ञान।।1।।

2. सुना विस्तृत वर्णन, भव जीवों के आप ही।
कमल पत्तों जैसा, आपका अक्षय महात्म्य भी।।2।।

3. जैसा स्वयं को बताया, यहां आपने परमेश्वर।
पुरुषोत्तम! वही रूप, मैं चाहूँ देखना, हे! ईश्वर।।3।।

4. यदि सोचते हैं प्रभु!, मैं सक्षम हूँ उसे देखने में।
योगश्वर! अपना वो, अव्यय रूप मुझे देखने दें।।4।।

श्री भगवान बोले

5. पार्थ! सैकड़ों हजारों में, देखो तुम मेरा यह रूप।
विविध रंगों आकृतियों का, दिव्यता भरा यह रूप।।5।।

6. आदित्यों, वसुओं, रुद्रों, अश्विनों, मारुतों को देखो।
भारत! अनदेखी मेरी, दिव्य विभूतियों को देखो।।6।।

7. देखो पूरा ब्रह्माण्ड, चराचरों, संग एक जगह।
इच्छित देखो गुडाकेश!, मेरी देह में एक जगह।।7।।

8. अपनी इन आंखों से तुम, नहीं देख सकते यह रूप।
   देता दिव्य आंखे जिनसे, देखो मेरा योग ऐश्वर्य रूप।।8।।

संजय बोले

9. हे राजन! यह कह कर, हरि महायोगेश्वर ने।
   पृथा पुत्र को दिखलाये, परम ईश्वर रूप अपने।।9।।

10. अनेकानेक मुख, आँखों, के अद्भुत दर्शनों का।
    अनेकों हथियारों वाले, दिव्य आभरणों का।।10।।

11. दिव्य हार वस्त्र धारे, दिव्य गन्धों का लेप किये।
    सर्व आश्चर्य विश्व के देव, अनन्त देवता मुख लिये।।11।।

12. हजारों सूर्य एक साथ, उगे जैसे आकाश में।
    महापुरुष की उद्भसित, वैसी आभा है प्रकाश में।।12।।

13. पाण्डु पुत्र ने देखा, खण्ड खण्ड पूरा ब्रह्माण्ड।
    देवों के देव की, देह में दिखा सारा ब्रह्माण्ड।।13।।

14. विस्मित झुका बैठा, रोमांचित प्रणत कृत कृत्य।
    अञ्जलि बाँध धनञ्जय, बोला प्रभु से नत कृत्य।।14।।

अर्जुन बोले

15. देख रहा आपकी देह में, खास इकट्ठे जीव देव!
    ब्रह्मा शिव, कमल पे, ऋषि दिव्य सांप देव!।।15।।

16. असंख्य बाहें, पेट, मुख, सर्वत्र आपका अनन्त रूप।
    आदि मध्य, अन्त हीन, विश्वेश्वर! देखूँ विश्व रूप।।16।।

17. मुकुट, गदा, चक्र, देखूं, तेज सब ओर है दीप्तिमान।
    कठिन देखना सूर्य अग्नि सा, रुप अद्वितीय दैदीप्यमान।।17।।

18. जानने योग्य परम अक्षर, विश्वधाम हैं आप ही।
    धर्म पालक शाश्वत, सनातन पुरुष हैं आप ही।।18।।

19. आदि मध्य व अन्त बिन, अनन्त पौरुष देख रहा।
सूर्य चन्द्र सी आंखें, जलते मुख से विश्व तप रहा।।19।।

20. भूमि से स्वर्ग तक, आप अद्भुत फैले ईश्वर।
तीनों लोक महात्मन! दुःखी उग्र रूप देखकर।।20।।

21. आप में हैं घुसते, देव कर्बद्ध डरे स्तुत।
महर्षि कीर्त्ति गाते, शान्ति मंत्र करें प्रस्फुट।।21।।

22. रुद्र, आदित्य, वसु, संत, विश्व देव, मारुत अश्विनी कुमार।
गंधर्व, यक्ष, असुर, सिद्ध चकित ताकते बार-बार।।22।।

23. असंख्य मुखों नेत्रों भुजाओं, पेटों पैरों जंघाओं का आपका।
देख के विचलित कांपे लोक और मैं, रुप भयानक
दाँतों का।।23।।

24. नभ छूता रंगीन चमकता, बड़ी आँखें, मुख फड़ता।
दुःखती आत्मा, नमन है विष्णु! खो गए धैर्य दृढ़ता।।24।।

25. विकराल दांत मुख फैला, मानों प्रलय की ज्वाला।
देवेश प्रसन्न हों जगदीश्वर, मैं दिशाएं सुख भूला।।25।।

26. पुत्र और सहायक, ध्रतराष्ट्र के।
योद्धा भीष्म, द्रोण, कर्ण जैसे।।26।।

27. विकराल मुखों दाँतों में घुस रहे।
लटके चबें चूर्ण हों पिस रहे।।27।।

28. जैसे नदियां तरंगित बहती, समुद्र की ओर दौड़तीं।
वैसे सेना वीरों की, आपके जलते मुखों में दौड़ती।।28।।

29. अग्नि में नष्ट होने, पतंगे वेग से घुसते।
जलने आपके मुखों में, सेनानी वेग से घुसते।।29।।

30. चाट रहे निगलते आप, सभी ओर से उनको।
ब्रह्माण्ड भर धधकती किरणें, जला रहीं विष्णु! लोकों को।।30।।

31. उग्र रूप! हैं कौन बताएं, नमन है! देव! प्रसन्न हो जाएं।
आदि रूप! जानना चाहता, जताएं कृपया प्रवृत्ति बताएं।।31।।

श्री भगवान बोले

32. काल हूँ मैं महा लोक नाशी, लोक नष्ट करने में लगा हूँ।
सिवा पाण्डवों के विपक्षी, योद्धा मारने में लगा हूँ।।32।।

33. अतः उठो शत्रु मारो, समृद्ध राज्य करो भोग लो।
वे मेरे मारे हैं सव्यसाची! निमित्त बन के यश लो।।33।।

34. द्रोण, भीम, जयद्रथ, कर्ण और सभी शूर वीर योद्धा।
मेरे मारे मारो शत्रु, दृढ़ होके जीतो योद्धा।।34।।

संजय बोले

35. केशव की बातें सुन, हाथ जोड़ काँपते अर्जुन।
डरे रुँधे गले से, कर नमन बोले हे! कृष्ण।।35।।

36. है ठीक ऋषिकेश! सब आपके यश से,
सारा जग खुशी से अनुरक्त हो रहा है।
राक्षस डर रहे हैं हर ओर भागते,
सिद्धों द्वारा आपको नमन हो रहा है।।36।।

37. करें न नमन क्यों आपको महात्मन्!
ब्राह्मणों से श्रेष्ठतर! आदि सृष्टि कर्त्ता।
हे आदिदेवेश! हे जगन्निवासन!
क्योंकि हैं आप अक्षर, सत् असत् धर्त्ता।।37।।

38. आदि देव पुरुष सनातन, विश्व के परम धाम आप।
ज्ञेय (जानने योग्य) व ज्ञान हैं अनन्त,
विश्व रूप में व्याप्त आप।।38।।

39. हैं वायु, यम, अग्नि, जल, चन्द्रमा, प्रजापति, प्रपितामह।
प्रणाम आपको हजारों बार, फिर फिर कहता नमो नमः।।39।।

40. आगे पीछे सब ओर से, हे सब कुछ! नमन आपको है।
    असीम पौरुष बली सर्वव्यापी, तभी सब कुछ आप ही हैं।।40।।

41. मित्र मान ज़िद में पुकारा, हे कृष्ण! हे यादव! हे! सखा।
    महिमा बिन जाने मुझ मूर्ख ने, प्यार में कहा सखा।।41।।

42. साथियों में या अकेले हंसी में, टहलते लेटै बैठे खाते मुझसे।
    अपमान हो गया आपका अच्युत! क्षमा माँगू अचिन्त्य!
    मैं आपसे।।42।।

43. जड़ जीवों के पिता हैं, पूज्य गुरु यशस्वी भी।
    हे! अतुल्य, असम्भव आप से, बढ़कर हो कोई कभी।
    तीनों लोकों में हो आपसा, अप्रतिम प्रभावी भी।।43।।

44. प्रणाम! क्षमा! सीमा तोड़ी, कृपया प्रभु! मुझे सह लें ऐसे।
    पिता पुत्र, प्रिय प्रिया या मित्र, सहके क्षमा करते जैसे।।44।।

45. अनदेखा रूप आपका, देख रहा हूँ मैं हर्षित।
    मन ही मन भय से भी, हो रहा हूँ मैं पीड़ित।
    फिर से वही देव रूप, कर दीजिये प्रदर्शित।
    देवेश जगधाम! अब, हो जाइये प्रसन्न चित्त।।45।।

46. मुकुट गदा चक्रधारी रूप, मैं फिर देखना चाहता हूँ।
    सहस्त्र बाहु! विश्व रूप!, हों वही चतुर्भुज चाहता हूँ।।46।।

श्री भगवान बोले

47. खुशी से तुम्हें रूप अर्जुन! आत्मयोग से जो दिखाया।
    अनन्त तेज देखा तुमने, कोई नहीं देख वो पाया।।47।।

48. यज्ञ, अध्ययन, दान, पुण्य, या घोर तप करके भी।
    कुरूश्रेष्ठ! कोई न समर्थ, कि देख पाए इसे कभी।।48।।

49. घोर रुप यह देख के मेरा, न विमूढ़ न हो पीड़ित।
    छोड़ के भय प्रसन्न मन, देखो रुप वो इच्छित।।49।।

50. कहके कृष्ण ने वही अपना, सौम्य रुप रच दिखाया।
पुरुष रुप में आकर फिर से, धैर्य दे के डर भगाया।।50।।

अर्जुन बोले

51. आपका सौम्य सुन्दर, नर रुप देख फिर जनार्दन।
आत्म भाव पाके स्थिर, हो गया फिर मैं चेतन।।51।।

श्री भगवान बोले

52. मेरा दुर्लभ रौद्र रूप, अभी जो तुमने देखा।
देखने के इच्छुक हैं, आदि काल से हर देवता।।52।।

53. वेद तप ज्ञान से भी, है असम्भव यह रुप देखना।
दिव्य नेत्रों से तुमको, हुआ सम्भव इसे देखना।।53।।

54. पर अनन्य भक्ति करके, मुझे जान सकते हो अर्जुन।
मुझे इस रुप में भी, पा सकते हो अर्जुन।।54।।

55. करो भक्ति परम मान, मुझको कर्म फल त्याग कर।
पाकर रहोगे पाण्डव! मुझको जीव बैर त्याग कर।।55।।

समाप्त हुआ, 'श्रीमद्भगवद्गीत' उपनिषद का।
ब्रह्म विद्या योग शास्त्र, श्रीकृष्ण अर्जुन संवाद का।
ग्यारहवां अध्याय, 'विश्वरुप दर्शन योग' नाम का।।

अध्याय-12
भक्ति योग

अर्जुन बोले

1. सतत जुड़ के पूज या, अव्यक्त अक्षर भज कर।
इनमें कौन से भक्त, योग सिद्धि पाते ईश्वर।।1।।

श्री भगवान बोले

2. मन मुझमें डुबा जो, स्थिर जुड़ के उपासते।
नित्य श्रद्धा से भजते, भक्त सिद्ध माने जाते।।2।।

3. अनिश्चित अक्षर, अप्रकट पूज के लगकर।
सर्वव्यापी अचिन्त्य जो, बदले न वो ध्रुव भज कर।।3।।

4. इन्द्रियां करके संयमित, बुद्धि समदर्शी करके।
अन्त में पाते मुझको, जीव कल्याण करके।।4।।

5. अव्यक्त में डूबे मन, हैं कष्ट पाते अक्सर।
निर्गुण अप्रकट पथ, दुःख भरे पाते देह धर।।5।।

6. मुझमें डूब के सब कर्म, अर्पित कर त्याग देंगे।
अनन्य भक्ति ध्यान योग से, यदि मुझे पूजेंगे।।6।।

7. शीघ्र भव सागर से, मुझसे वे तर जाएंगे।
स्थिर मन पार्थ! मुझसे उद्धरित हो जाएंगे।।7।।

8. मुझमें मन स्थिर कर, बुद्धि स्थित करोगे जब।
संशय नहीं मुझमें ही, तुम बसने लगोगे तब।।8।।

9. मुझमें मन स्थिर भी, यदि न कर पाओ तो।
धनंजय! योग अभ्यास से, मुझे पाओ यदि चाह हो तो।।9।।

10. योग अभ्यास में भी, यदि असमर्थ रहोगे तुम।
कर्म मेरे लिये करके, सिद्धि प्राप्त कर लोगे तुम।।10।।

11. कर न सको मेरे लिये तो, मुझपे निर्भर करो कर्म।
योग प्रयत्न आत्म स्थित, करो छोड़ के फल कर्म।।11।।

12. श्रेष्ठ ज्ञान अभ्यास से, विशिष्ट ध्यान ज्ञान से।
त्याग आता ध्यान से, और फिर शान्ति त्याग से।।12।।

13. जीवों का दयालु मित्र, प्रभुत्व बैर अहं बिन।
क्षमाशील सबके प्रति, समभावी सुख दुःख बिन।।13।।

14. संतुष्ट मन से सतत योगी, आत्म संयमी दृढ़ निश्चयी।
मन बुद्धि दे दें मुझे, हैं मेरे अति प्रिय भक्त वही।।14।।

15. उद्विग्न कभी हो न जो, न हो विचलित लोगों से।
सुख दुःख, भय से मुक्त हो, मेरा प्रिय वो लोकों में।।15।।

16. इच्छा रहित, शुद्ध, दक्ष, चिन्ता, कष्ट से मुक्त जो।
त्याग दे सारे प्रयत्न, मेरा अति प्रिय है भक्त वो।।16।।

17. न हर्षित न शोकाकुल, न पछताए न चाह करे।
शुभ अशुभ परित्यागी भक्त, मेरा प्रेम पाके रहे।।17।।

18. शत्रु-मित्र, मान-अपमान, सर्दी-गर्मी, सुख-दुःख में एक।
किसी की संगति न चाहे, समदर्शी भाव सब में एक।।18।।

19. मान निन्दा सब में मौन, संतुष्ट हर तरह से जो।
घर बिन स्थिर बुद्धि, मेरा भक्त मुझको प्रिय है वो।।19।।

20. धर्म अमृत कह के मेरे, भक्त जो मुझको उपासते हैं।
श्रद्धा भक्ति कर के मेरी, मुझको अतिप्रिय हो जाते हैं।।20।।

समाप्त हुआ, 'श्रीमद्भगवद्गीत' उपनिषद का।
ब्रस्म विद्या योग शास्त्र, श्रीकृष्ण अर्जुन संवाद का।
बारहवां अध्याय, 'भक्ति योग' नाम का।।

अध्याय-13
क्षेत्र क्षेत्रज्ञ ज्ञान - क्षेत्र क्षेत्रज्ञ विभाग योग

अर्जुन बोले

1. प्रकृति क्या है पुरूष है क्या, क्षेत्र और क्षेत्रज्ञ हैं क्या।
केशव जानना चाहता हूँ, ज्ञान और जानने योग्य हैं क्या।।1।।

2. कुन्तीपुत्र! हर देह है क्षेत्र।
क्षेत्रज्ञ वह जो, जानता है क्षेत्र।।2।।

3. सारे क्षेत्रों का मैं ही, एकमात्र क्षेत्रज्ञ हूँ भारत।
इन्हें समझना ज्ञान है, ज्ञेय भी यही मेरा मत।।3।।

4. कैसे जन्मता रहे बदलता, मुझसे सुनो संक्षेप में क्षेत्र।
कितने बल का कौन क्षेत्रज्ञ, उसका प्रभाव क्या झेले क्षेत्र।।4।।

5. गीतों, मंत्रों, ब्रह्म-सूत्रों, पदों में, क्षेत्र, क्षेत्रज्ञ लिखे ऋषियों ने।
क्षेत्र, उसके कार्य व बदलाव के कारण, तय कर दिये
उन्होंने।।5।।

6. पांच महाभूत (तत्व) अव्यक्त हैं, अहं बुद्धि व तीन गुण।
कर्म क्षेत्र हैं पांच विषय, दस इन्द्रियां और एक मन।।6।।

7. इच्छा, द्वेष, सुख, दुःख, घात, धीरज, चेतना।
क्षेत्र में बदलाव के, औसत उदाहरण हैं सुनना।।7।।

8. विनम्रता, दंभ हीनता, अहिंसा, सहनशीलता।
गुरु सेवा, आत्म संयम, शुद्धि, दृढ़ता सरलता।।8।।

9. वैराग्य हो अहं नहीं, जन्म, मृत्यु, रोग, समझे वो।
इन्द्रियां हों संयमित, खुद के दोष देख सके वो।।9।।

10. घर परिवार से विरक्त, मोह मुक्त हो सम भाव।
नित्य एक चित्त, इश्ट-अनिश्ट पा के हो एक भाव।।10।।

11. मुझ ईश्वर में योग युक्त, अनन्य निर्दोष, भक्ति हो।
एकान्त में रहे, किसी भी साथ से विरक्ति हो।।11।।

12. नज़रें सत्य पर टिकीं, मन अध्यात्म में जुटा।
कहते ज्ञान है इसे, अज्ञान इस सब से उल्टा।।12।।

13. जानने योग्य स्पष्ट कहूँगा, जिसको जान मिलता अमरत्व।
वो है आदि हीन परम ब्रह्म, कहलाता जो सत न असत।।13।।

14. सिर, मुख, आँखें, पैर, हाथ, सारी जगहों में किये व्याप्त।
सुनते देखते बैठे हैं, ओढ़े सब कुछ स्वयं आप।।14।।

15. मूल स्त्रोत हैं इंद्रियों के, फिर भी इंद्रियों से हैं रहित।
जग से अलग पर पालते हैं, गुणों परे गुण
गुरु हैं निश्चित।।15।।

16. बाहर भीतर जड़ वस्तुओं में, और चराचर जीवों में हैं।
अति सूक्ष्म जानने देखने में, परे फिर भी पास में हैं।।16।।

17. अविभाजित पूर्ण हैं ईश्वर, लोगों में लगते बसे बँटकर।
जीवों को पालते जन्म दें पर, मारते मानो विकसित कर।।17।।

18. सब ज्योतियों के स्त्रोत हैं, वो अंधकारों से हैं परे।
ज्ञान ज्ञेय ज्ञान के लक्ष्य हैं, सबके हृदयों में हैं बसे।।18।।

19. बतायी क्षेत्र क्रियाएं मैंने, ज्ञान और ज्ञान के विषय भी।
भक्त जो भी इन्हें समझा, पा के रहेगा मुझको भी।।19।।

20. प्रकृति और पुरूष दोनों, ही जान लो हैं अनादि।
गुण और विकार दोनों, प्रकृति से होते पैदा भी।।20।।

21. प्रकृति कारण है सब, कार्यों व फलों के होने की।
पुरुष आत्मा है सारे, सुखों दुःखों को भोगने की।।21।।

22. प्रकृति में बैठा पुरुष, भोगता प्रकृति से उत्पन्न गुण।
तीनों गुणों से मिलके होता, अच्छी बुरी योनियों से जन्म।।22।।

23. उप दृष्टा, अनुमन्ता, (अनुमति देने वाला)
महेश्वर भर्त्ता भोक्ता है।
परमात्मा यह परम, पुरुष (वर/स्वामी/आत्मा)
देह का भी होता है।।23।।

24. पुरुष व प्रकृति को, गुण सहित जान कर।
जन्म मृत्यु चक्र छुटता, (आन्तरिक) क्रियाएं जान कर।।24।।

25. ध्यान से देख लेते, कुछ लोग आत्मा में आत्मा।
ज्ञान से कुछ कर्म योग से, देखते स्वयं में आत्मा।।25।।

26. कुछ आपको अनन्त जान, कुछ सुनकर उपासते।
मृत्यु पार उतरते वो भी, जो सुन समझ कर पाते।।26।।

27. भरत ऋषि! यह जान लो तुम, चर अचर जो भी हैं।
क्षेत्र और क्षेत्रज्ञ के, जुड़ने के संयोग से हैं।।27।।

28. सम भाव जीवों में बैठा, परमेश्वर अनश्वर दृष्टा।
ऐसा सत्य जानता जो, वही सच में है देखता।।।28।।

29. सबमें सर्वत्र देखता है, सम भाव स्थित ईश्वर को।
मन से गिर नहीं सकता, आत्मा भेज दिव्य गति पर वो।।29।।

30. प्रकृति व उसके कार्यों को, जानता वो सब देखता है।
आत्मा को जो अकर्त्ता, मानता वो सत्य देखता है।।30।।

31. जब भिन्न-भिन्न जीवों को, एक ही में जड़ा कोई देखे।
एक स्त्रोत से फैला, ब्रह्म सम्पत्ति बोध ले देखे।।31।।

32. अनादि, निर्गुण, अव्यय, परमात्मा हैं हर देह में।
देह से पर लिप्त नहीं हों, कौन्तेयं! न कुछ करते वे।।32।।

33. जैसे सर्वव्यापी आकाश, नहीं कभी लिप्त होता है।
वैसे देह में जीवात्मा भी, नहीं कभी लिप्त होता है।।33।।

34.   एक सूर्य सारा ब्रह्माण्ड, जैसे प्रकाशित करता है।
      भारत! देह को आत्मा भी, वैसे प्रकाशित करता है।।34।।

35.   क्षेत्र क्षेत्रज्ञ का अन्तर, ज्ञान चक्षुओं से देखते।
      आत्मा मुक्त है प्रकृति से, जान के परम लक्ष्य पा लेते।।35।।

      समाप्त हुआ, 'श्रीमद्भगवद्गीत' उपनिषद का।
      ब्रह्म विद्या योग शास्त्र, श्रीकृष्ण अर्जुन संवाद का।
      तेरहवां अध्याय, 'क्षेत्र क्षेत्र विभाग योग' नाम का।।

अध्याय-14
त्रिगुण प्रकृति पार योग - त्रिगुण विभाग योग

श्री भगवान बोले

1. बताऊँगा फिर ज्ञानों में, परम ज्ञान वो सर्वोत्तम।
जिसे जानकर मुनियों ने, सिद्धि पा ली परमोत्तम।।1।।

2. यही ज्ञान पा के मेरी, दिव्य प्रकृति सिद्ध पाते हैं।
न कल्पादि में जन्मते न, प्रलय में कष्ट पाते हैं।।2।।

3. परम ब्रह्म प्रकृति योनि है, जिसमें गर्भ मैं रखता हूँ।
भारत! उसी से सारे, जीव पैदा मैं करता हूँ।।3।।

4. कौन्तेय! इन योनियों से, पैदा सारे जीव स्वरूप।
महा ब्रह्मस्त्रोत मैं इनका, बीज दाता पिता स्वरूप।।4।।

5. महाबाहु! सत्व, रजस, तम, प्रकृति पैदा करती है।
अव्यय आत्मा बाँधते गुण, देह बंध के जुड़ती है।।5।।

6. होता है सत्व गुण निर्मल, उज्ज्वल ज्योति लाता है।
सुख और ज्ञान की संगति से, अनघ! बाँधता जाता है।।6।।

7. रजो है रागात्मक गुण, तृष्णा (प्यास) उत्पन्न करता है।
इच्छित (सकाम) कर्मों से कौन्तय!, देहधारी को बाँधता है।।7।।

8. अज्ञान से पैदा तमो गुण, देहधारियों को मोहता है।
भारत! आत्मा प्रमाद, आलस्य, निद्रा से बाँधता है।।8।।

9. सतोगुण सुख से भारत!, रजोगुण सकाम कर्म से।
तमो बाँधता प्रमाद से, ढँकता है ज्ञान अज्ञान तम से।।9।।

10. मार कर रजो तमो, है सत्व गुण भारत! बढ़ता।
मार रजो सतो बढ़ता तम, सत्व तम दबा रजो चढ़ता।।10।।

11. देह के हर द्वार में जब, प्रकाश ज्ञान का आता।
उस समय हे भारत!, सतोगुण है बढ़ जाता।।11।।

12. अनियंत्रित कर्म लिप्तता, लोभ, इच्छा व अशान्ति।
रजोगुण भारत! अति होके देता भ्रान्ति।।12।।

13. अंधकार अकर्मण्यता, मोह पागलपन छाते।
कुरुनन्दन! तमो गुण, बढ़ने से यह अवगुण आते।।3।।

14. सत्व गुण बढ़ने पर, जब मरते हैं देहधारी।
शुद्ध उत्तम लोकों में, तब जाते हैं देहधारी।।14।।

15. रजोगुण में मरने वाला, सकाम कर्मियों में जन्मता।
तमो गुण में, मरके मूर्ख योनियों से जन्मता।।15।।

16. पुण्य कर्म सात्विक गुण के, फल शान्ति, निश्चिंतता।
रजस के फल दुःख होते, अज्ञान है फल तमस का।।16।।

17. सत्व ज्ञान पैदा करता, रजस करता लोभ।
तमो मोह प्रमाद दे, अज्ञान भरता लोक।।17।।

18. ऊपर जाते सत्व गुणी, मध्य में बैठते रजो।
पाप वृत्ति के तमो गुणी, नीचे जाते निम्न वो।।18।।

19. गुणो सिवा कोई न करता, जो यह देख लेता है।
गुणों पार हूँ मुझे जान, स्वभाव मेरा पा लेता है।।19।।

20. तीनों गुणों के पार जो, देहधारी ऊपर है उठता।
जन्म मृत्यु रोग बुढ़ापा, दुःख मुक्ति अमृत चखता।।20।।

अर्जुन बोले

21. प्रभु! कैसे होते हैं वे, जो तीनों गुणों के पार उठते।
कैसे आचरण करते हैं वे, कैसे गुणों के पार उठते।।21।।

श्री भगवान बोले

22. गुणों के सामने न तो, बैर करके लड़ता वो।
न पीछा छुड़ाता, न साथ रहना चाहता वो।।22।।

23. गुणों से उदासीन हो उनसे, बिना हिले (अविचलित) रहते हैं वे।
गुण ही करते हैं जान के, शान्त स्थिर रहते हैं वे।।23।।

24. सुख-दुःख, सोना-मिट्टी सब, एक सा पाते हैं।
बढ़ाई-निन्दा, प्रिय-अप्रिय पा, धीर संतुलित होते हैं।।24।।

25. मान-अपमान, शत्रु-मित्रता का समभाव रखते हैं।
शुरु से हर भाव त्याग, एक तुला भाव रखते हैं।।25।।

26. निष्पाप भक्ति योग से, जो मेरी सेवा करते हैं।
गुणों से ऊपर उठ कर, परम ब्रह्म से जुड़ते हैं।।26।।

27. ब्रह्मा हैं अमर, अव्यय, मैं ही उनका परम आधार।
उस शाश्वत परम सुख का, हूँ मैं एक अन्तिम आधार।।27।।

समाप्त हुआ, 'श्रीमद्भगवद्गीत' उपनिषद का।
ब्रह्म विद्या योग शास्त्र, श्रीकृष्ण अर्जुन संवाद का।
चौदहवां अध्याय, 'त्रिगुण विभाग योग' नाम का।।

अध्याय-15
पुरुषोत्तम योग

श्री भगवान बोले

1. ऊपर जड़ नीचे शाखाएं, अव्यय वट वृक्ष कहा गया।
पत्ते वैदिक छंद कहाए, जानकार वेदज्ञ कहा गया।।1।।

2. नीचे फैली शाखाएं, गुणों से पोषित हो उठती ऊपर।
टहनियां इन्द्रीय विषय कहाएं, कर्मों से बंध के आतीं
भू पर।।2।।

3. वृक्ष को इस रूप में, नहीं समझा जा सकता है।
आदि अन्त न नींव का पता, अलगाव शस्त्र से कटता है।।3।।

4. विरक्ति से जड़ें काट के, जग स्त्रोत का पद खोजो।
कहें पुराण शरण लो उसकी, करे नहीं वापस वो जो।।4।।

5. काम निवृत्त मोह मुक्त, अध्यात्म रत संदेह मुक्त।
अविनाशी पद पाते, जो हों सुख-दुःख मूर्खता मुक्त।।5।।

6. मेरा धाम है नहीं रोशन, सूर्य चन्द्र या अग्नि से।
परमधाम है नहीं लौटता, कभी कोई आ के इस से।।6।।

7. देह बैठी आत्मा हर लोक, मेरा एक कण है सनातन।
प्रकृति की ओर खींचती जो, पांच इन्द्रियां और एक मन।।7।।

8. वायु स्त्रोत से गंध खींचती, आत्मा गुणों के विषयों को।
छूटती देह से नयी देह में, यह ले जाती है भोगने को।।8।।

9. श्रवण, दृष्टि, स्पर्श, स्वाद, गंध, और मन की सोंच।
आत्मा ढ़ोती बैठ दूसरी, देह में भी करती भोग।।9।।

10. देह छोड़ते पाते, विषय भोगते गुणों से हारते।
ज्ञानी ज्ञान चक्षुओं से देखते, मूर्ख नहीं देख पाते।।10।।

11. ध्यान करके योगी, आत्मा खुद में देख पाते हैं।
मूर्ख भोगी नहीं चेतते, यत्न कर भी न देख पाते हैं।।11।।

12. सूर्य चन्द्र और अग्नि के, मैं तेज पैदा हूँ करता।
अपने कण से तेजों में रह, जग उज्ज्वल हूँ करता।।12।।

13. कण से घुस लोकों में मैं, जीवों में ऊर्जा हूँ धरता।
पोषण औषधियां दे के मैं, सोम हो सब रस भरता।।3।।

14. वैश्वानर होकर मैं, प्राणियों की देहों में रहता।
प्राण अपान सम करता, चारों भोज मुझसे पचता।।14।।

15. मैं सबके हृदय बैठा, ज्ञान, याद, भूलना देता।
मैं वेदज्ञ, वेदों से ज्ञेय, वेदान्त संकलित करता।।15।।

16. वेद कहते हैं कि होते, पुरुष (जीव/प्राणी) लोकों
में दो प्रकार के।
अध्यात्म लोक में अक्षर, भौतिक में क्षर प्रकार के।।16।।

17. एक और पुरुष, सर्वोत्तम परमात्मा कहलाता।
घुस तीनों लोक पालता, अक्षर ईश कहलाता।।17।।

18. क्षरों से परे हूँ मैं, अक्षरों से भी उत्तम।
वेदों और लोकों में, विख्यात हूँ मैं सर्वोत्तम।।18।।

19. संशय बिन, पुरुषोत्तम, जो मुझको मानता है।
भारत! हर विधि भाव से, वो मुझको भजता है।।19।।

20.   शास्त्रों का सबसे गहरा, राज़ कहा वह यह था।
       जिसको सुन बुद्धिमान भी, भारत! कृत कृत्य होता।।20।।

समाप्त हुआ, 'श्रीमद्भगवद्गीत' उपनिषद का।
ब्रह्म विद्या योग शास्त्र, श्रीकृष्ण अर्जुन संवाद का।
पन्द्रहवां अध्याय, 'पुरुषोत्तम योग' नाम का।।

अध्याय-16
दैवी तथा आसुरी शक्तियां –
दैव असुर सम्पत्ति विभाग योग

श्री भगवान बोले

1. निर्भयता व आत्मशुद्धि रखना, ज्ञानार्जन व योग करना।
   मन दमन, दान, यज्ञ, स्वाध्याय व तप कर सरल रहना।।1।।

2. अहिंसा, सत्यता, अक्रोध, त्याग, शान्ति, दोष न खोजना।
   भद्रता, लज्जा, संकल्प, दया करना, लोभ न रखना।।2।।

3. तेज, क्षमा, शुद्ध धारणा होना, ईर्ष्या मान न रखना।
   भारत! दैवी संपदाएं लिये, उत्पन्न लोगों की मानना।।3।।

4. दम्भ, दर्प, अभिमान, क्रोध और कठोरता।
   प्रथापुत्र! और अज्ञान, आसुरी प्रकृति की हैं संपदा।।4।।

5. दैवी संपदाएं मोक्ष देतीं, आसुरी देतीं हैं बंधन।
   दैवी भाव लिये जन्मे, पाण्डव! तुम्हें क्यों चिंतन।।5।।

6. दैवी आसुरी भाव लिये, हुई जीवों की रचना।
   कहीं दैवी मैंने, अब आसुरी भी मुझसे सुनना।।6।।

7. करें न करें की सोच, आसुरी बुद्धि नहीं देती।
   साफ, अच्छे, शुद्ध सच्चे, आचरण भी नहीं देती।।7।।

8. निराधार झूठा जग है, ईश्वर बिना है यह कहते।
   बिना कारण पैदा हुए हैं, जीवन काम सुख है कहते।।8।।

9. इस दृष्टि से आत्म नाश कर, अल्प ज्ञानी बने रहते।
   फलते फूलते विनाश कार्यों में, जग को यह निकृष्ट करते।।9।।

10. काम लिप्त प्यासे, दम्भ, मद, मान ही में रहें चूर।
झूठे मोह में फलते फूलते, अच्छे कामों से रहें दूर।।10।।

11. काम भोग परम कह, करते काम ही निश्चित।
काम लिप्त प्रलय तक, अन्त तक रहते चिन्तित।।11।।

12. काम क्रोध आशा की, सैकड़ों बेड़ियों में जकड़े।
गलत रास्तों धन जोड़ें, काम भोग रहें पकड़े।।12।।

13. आज यह मिला कल भी मैं, इच्छा भर पा लूँगा।
आज यह लिया कल मैं वो, धन लाभ पा लूँगा।।13।।

14. दुश्मन मारे गए हैं वे, दूसरे भी मारुँगा।
सफल सुखी सशक्त भोगी मैं, सिद्ध ईश सा हूँगा।।14।।

15. हूँ अमीर भले घर जन्मा, मेरे जैसा कोई कहाँ।
यज्ञ दान से खुशियां लूटूँ, सोचें अज्ञानी मोही यहाँ।।15।।

16. इच्छाएं पाले भ्रमित मन, मोह जाल में रहे फंसा।
काम भोग आसक्त मन, घोर नरक में गिरे सदा।।16।।

17. होके स्वयं प्रभु घमंडी, धन, मान, मद, भरते।
झूठे मान यश चाह के, शास्त्र निषिद्ध यज्ञ करते।।17।।

18. अहंकार, बल, दर्प, काम, व क्रोध के सहारे रहते।
घृणा निन्दा कर देह में, बैठे मुझ से (ईश्वर से) जलते।।18।।

19. वे ईर्ष्यालु क्रूर नराधम, मैं निम्न योनियों में डालता।
मानवों में नीच अधम को, असुरों में जन्मने डालता।।19।।

20. नीच योनियों में गिर कर, जन्मों जन्म पैदा होते।
कुन्ती पुत्र! मुझे न पाकर, नीचे और नीचे गिरते।।20।।

21. काम क्रोध और लालच, आत्मा के हैं तीन विनाशक।
तीनों द्वार नरक के हैं यह, त्यागों इन्हें हे! धारक।।21।।

22. इन नर्क द्वारों से छुटकर, कुन्ती पुत्र!, हो आत्म निर्भर।
भले कार्य करते जाते, परम लक्ष्य रहते पाकर।।22।।

23. मनमानी करते कर्म में, छोड़ के शास्त्रों की विधियां।
सुख व परम गति खोते, नहीं मिलतीं इन्हें सिद्धियां।।23।।

24. करें क्या नहीं करें, शास्त्रों से जानना चाहिये।
लिखित विधियों से करके, ऊँचे उठना चाहिये।।24।।

समाप्त हुआ, 'श्रीमद्भगवद्गीत' उपनिषद का।
ब्रह्म विद्या योग शास्त्र, श्रीकृष्ण अर्जुन संवाद का।
सोलहवां अध्याय, 'दैव असुर सम्पत्ति विभाग योग' नाम का।।

अध्याय-17
श्रद्धा के तीन प्रकार – तीन गुणी श्रद्धा विभाग योग

अर्जुन बोले

1. शास्त्र विधियां छोड़, पर जो यदि श्रद्धा से पूजते।
    कृष्ण! गुण इस श्रद्धा के, सतो, रजो, तमो क्या होते।।1।।

श्री भगवान बोले

2. प्रकृति से हर देह पाती, सत्व, रजस, तमस गुण।
    यही तीनों मुझसे सुनो, निष्ठा में भी होते गुण।।2।।

3. व्यक्तित्व सी ही सबमें, श्रद्धा भी आती भारत!
    आत्मा गुण जैसी ही, श्रद्धा उपजाती भारत।।3।।

4. सत्व गुणी पूजते हैं देवता, रजो यक्ष और राक्षस।
    तमो गुणी पूजा करते हैं, भूत प्रेतों को भारत!।।4।।

5. शास्त्र विधियाँ न मान, घोर तपस्याएं करते।
    दंभ, अहं, दिखावा करके, काम राग में जुटते।।5।।

6. देह स्थित परमात्मा तक को, धक्का पहुँचाते हैं।
    संदिग्ध गुणी निष्ठा मन से, असुर माने जाते हैं।।6।।

7. हे प्रिय! भोजन भी, तीन तरह के गुणों जैसे।
    यज्ञ, तप, दान भी, तीन तरह के सुनो मुझसे।।7।।

8. उम्र व अच्छा पन जो, स्वास्थ्य व प्रीति बढ़ाते हैं।
    रस के मीठे चिकने भोग, सात्विक के मन भाते हैं।।8।।

9. कड़ुवे, तीखे, खट्टे, गर्म, नमकीन, जलन अंजाम दें।
राजसिक खाते खाने जो, दुःख, रोग या काम दें।।9।।

10. अधपके, बेस्वाद, सड़े, बासी, बचे खुचे, गन्दे।
तामसिक खाने जूठे, न छूने योग्य, दुर्गन्ध दें।।10।।

11. यज्ञ जो शास्त्रों में लिखे, नियमों से किये जाते।
स्थिर मन फल चाहे बिन, वे सात्विक कहलाते।।11।।

12. घमंड से मन में फल की, इच्छा लिये हुए होते।
भरतश्रेष्ठ! ऐसे यज्ञ, राजसिक गुण के होते।।12।।

13. बिना विधि श्रद्धा के, भोग दान दिये बिना।
तामसिक यज्ञ होते हैं, मंत्र उच्चार किये बिना। ।।13।।

14. देवताओं ब्राह्मणों, गुरुओं ज्ञानियों के पूजन।
देह के तप है ब्रह्मचर्य, अहिंसा व शोधन।।14।।

15. सच्ची मीठी लाभ की, वाणी क्षुब्ध न करती है।
स्वाध्याय अभ्यास की, वाणी का तप होती है।।15।।

16. तुष्टि, कोमलता, मौन, और संयम मन का।
मन शुद्धि के भावों से, तप होता मन का।।16।।

17. लोग तप करते हैं, देह वाणी और मन से।
सात्विक गुणी होते हैं, फल चाहे बिन ये।।17।।

18. सम्मान या दिखावे को, तपस्याएं जो की जातीं।
अनिश्चित, क्षणिक, राजसी गुण की कही जातीं।।18।।

19. मूर्खता भरी, पीड़ा देने खुद को या दूसरों को।
तामसिक तपस्याएं होतीं, आत्म नाश या हानि को।।19।।

20. सात्विक दान उपकार, प्रत्युपकार देख न देते।
योग्य व्यक्ति, उचित समय स्थान, देख के देते।।20।।

21. रजस दान उपकार प्रत्युपकार, के लिये करते।
अनिच्छा से फल लाभ, पाने के लिये करते।।21।।

22. तामसी दान अयोग्य व्यक्ति, को दिया जाता है।
अनुचित समय जगह पर, तिरस्कार से दिया जाता है।।22।।

23. 'ॐ' 'तत्' 'सत्' शब्दों से, परम ब्रह्म घोषित कर।
ब्राह्मण वेद और यज्ञ, शुरु करते इन्हें कह कर।।23।।

24. 'ओह्म' कह यज्ञ, दान, तप, आरम्भ करने की विधि।
वैदिक गुरुओं ने दी, परम ब्रह्म पाने की विधि।।24।।

25. अतः मोक्ष के इच्छुक, फल की इच्छा त्याग के।
शुरु करते हैं यज्ञ, तप, दान आदि, 'तत्' कह के।।25।।

26. 'सत्' कह ''मंगल कार्य हो रहे हैं'' घोषणा करते हैं।
''अच्छे सच्चे भाव हैं इन में'', पार्थ! ऐसा कहते हैं।।26।।

27. यज्ञ, दान, तप में, स्थित है 'सत्' कहते हैं।
प्रसन्न करते परम ब्रह्म, कर्म हैं 'सत्' कहते हैं।।27।।

28. पार्थ! बिन श्रद्धा यज्ञाहुति, दान व तप जो करते।
पुण्य कर्म असत् (नश्वर/असत्य) पार्थ, दोनों जन्मों में करते।।28।।

समाप्त हुआ, 'श्रीमद्भगवद्गीत' उपनिषद का।
ब्रह्म विद्या योग शास्त्र, श्रीकृष्ण अर्जुन संवाद का।
सत्रहवां अध्याय, 'तीन गुणी श्रद्धा विभाग योग' नाम का।।

अध्याय-18
संयास की सिद्धि – परम् सिद्धि – मोक्ष संयास योग

अर्जुन बोले

1. महाबाहु ऋषिकेश! बताएं, संयास क्या है त्याग है क्या।
   केशिनी सूदन! जानना चाहता, दोनों में अन्तर है क्या।।1।।

2. इच्छा भरे कर्म छोड़ना, संयास है ज्ञानी जानते।
   कर्म करके फल छोड़ना, त्याग है अनुभवी जानते।।2।।

3. महा ज्ञानी कहते हैं, दोषों भरे कर्मों को छोड़ो।
   पुण्य हैं यज्ञ, दान, तप, ऐसे कर्म मत छोड़ो।।3।।

4. भरत श्रेष्ठ! अब त्याग पर, मेरा निश्चय सुन लो।
   त्याग भी हे! बाघ नर, हैं तीन तरह के सुन लो।।4।।

5. यज्ञ, दान, तप से कर्म, नहीं छोड़ने योग्य न त्यागिये।
   पवित्र करते महात्माओं को भी, इन्हें कभी न त्यागिये।।5।।

6. पुण्य कर्म भी उनके, फलों को त्याग के करना पार्थ।
   उत्तम मत दूँ इन्हें भी, कर्त्तव्य मान के करना पार्थ।।6।।

7. नियत कर्म हैं कर्त्तव्य, त्यागने योग्य नहीं यह।
   संशय में कर्त्तव्य छोड़ना, तामसी त्याग ही यह।।7।।

8. दुःख या देह कष्ट के, भय से जो कर्त्तव्य छोड़ता।
   राजसी त्याग करता वो, जिसका फल लाभ नहीं देता।।8।।

9. निर्लिप्त कर्त्तव्य मान के करना, जो यह तय करते अर्जुन।
   फल भी छोड़ते मेरे मत में, त्याग सत्व करते अर्जुन।।9।।

10. इच्छित अनिच्छित सम भाव करता, घृणा आसक्ति त्यागता।
सत्व गुण का त्यागी, बुद्धि से मार संशय त्यागता।।10।।

11. असंभव है प्राणी को हर कर्म, पूरी तरह त्याग देना।
मगर फल का त्यागना है, सच्चा त्यागी होना।।11।।

12. अच्छे, बुरे या मिश्रित, मरने पर फल मिलते हैं।
त्यागी संयासी न पाते, इच्छा भोग छोड़ चलते हैं।।12।।

13. महाबाहु! सारे कर्मों के, पांच कारक होते हैं।
सांख्य (वेदान्त) कहते पांचों जुड़, हर कार्य को
सिद्धि देते हैं।।13।।

14. कर्म क्षेत्र, कर्त्ता, उपकरण, संघर्ष और ईश्वर (की देन)।
अर्थात् देह, इन्द्रियां, विषय, प्रयत्न और ईश्वर
(कौशल/योग्यता)।।14।।

15. देह, वाणी मन से, यही पांचों मिल के करते हैं कर्म।
न्याय या अन्याय से लोग, इन्हीं पांचों से करते हैं कर्म।।15।।

16. कारक देखे बिन ही, कर्त्ता बस खुद को ही माने।
कुबुद्धि के कारण मूर्ख वो, सच देखना नहीं जाने।।16।।

17. अहंकार से जिसकी, बुद्धि न हुई हो कलुषित।
कर्म बंधन से छुट जाता, मारके भी न हो कलंकित।।17।।

18. ज्ञान, ज्ञेय (जानने योग्य) और ज्ञानी, कर्मों के तीन हैं प्रेरक।
इन्द्रियां, कर्म और, कर्त्ता, यह तीन है कर्मों के संघटक
(अंग/भाग)।।18।।

19. ज्ञान, कर्म व कर्त्ता भी, हैं गुणों से तीन तरह के।
मुझसे सुन लो जैसे, जिस तरह वे तीन तरह के।।19।।

20. एक ही अव्यय आत्मा, दिखाए जो सब जीवों में।
समझो ज्ञान वो सात्विक, सम्पूर्ण दिखाए भागों में।।20।।

21. सृष्टि के विभिन्न शरीरों में, अलग अलग आत्माएं।
ज्ञान वह राजसिक जानो, जो सबको अलग बताए।।21।।

22. सत्य और कारण न जान, एक ही कर्म में लिप्त हो।
    तामसिक कहलाता वो ज्ञान, जो असत्य एवं निम्न हो।।22।।

23. आसक्ति, राग, द्वेष बिन, किये जाएं जो नियमित।
    कर्म फल चाहे बिन, वो कर्म होते हैं सात्विक।।23।।

24. कड़े यत्न से कर्म, किसी अहंकारी द्वारा होते जब।
    फल की इच्छा रख के, वो कर्म राजसी होते तब।।24।।

25. विनाश या हिंसा के लिये, बंध के जो होते कर्म।
    सामर्थ्य या परिणाम देखे बिन, तामसिक हों वे कर्म।।25।।

26. संग और अहं विहीन, उत्साही धारणा वाला।
    असिद्धि सिद्धि उदासीन, कर्त्ता है सत्व गुण वाला।।26।।

27. लालची, हिंसात्मक, अशुद्ध हो, और कर्म फल चाहे।
    राजसिक कर्त्ता, हर्ष, शोक में मन से डूबा जाए।।27।।

28. शास्त्र रोधी, भौतिक वादी, छली हठी खिन्न रहता।
    तामसी कर्त्ता मन्द, आलसी, अपमानित ही करता।।28।।

29. तीन गुणों के अनुसार, बुद्धि, धृति के भी तीन प्रकार।
    धनंजय! सुनो बताता हूँ, सविस्तार इनके यह प्रकार।।29।।

30. कर्म-अकर्म, करणीय-अकरणीय को पहचाने जो।
    भय-अभय, बंधन-मुक्ति, सात्विक बुद्धि सत्य जाने जो।।30।।

31. धर्म-अधर्म, करने न करने, के कार्यों में अन्तर।
    पार्थ! राजसिक बुद्धि पाती, आधे ढ़ंग से ही कर।।31।।

32. अधर्म को ही धर्म मानें, भ्रम के अंधकार में।
    तामसिक बुद्धि पार्थ! बहाती, सब कुछ उल्टी धार में।।32।।

33. योग और भले आचरण से, पार्थ! जो धृति धारती।
    मन, प्राण, इन्द्रीय कर्म, होती सत्व प्रकार की।।33।।

34. लेकिन जो धृति धन व काम के, अधर्म में धराती है।
    अर्जुन! राजसिक होती, कर्म फल आस बंधाती है।।34।।

35. स्वप्न, भय, विषाद, मद की दुर्बुद्धि से जो धारे।
पृथापुत्र! उस धृति को, तामसी कहते हैं सारे।।35।।

36. भरत ऋषि! सुनो मुझसे, सुख के वो तीन विभाग।
जिनके बार बार अभ्यास से, दुःख जाते सब भाग।।36।।

37. प्रारम्भ में जो दुःख दें, परिणाम में हों अमृत।
आत्मिक शान्ति दें, ऐसे सुख होते सात्विक।।37।।

38. विषयों के इन्द्रियों से, सम्पर्क से पैदा हों जो सुख।
शुरु में अमृत अन्त में विष, राजसिक हैं वो सुख।।38।।

39. जो सुख आदि से अन्त तक, आत्मा को मोह से बाँधे।
तामसी हैं वो नींद, आलस, पागलपन से बाँधे।।39।।

40. न धरती न स्वर्ग, न देवताओं में कोई है।
प्रकृति के दिये, तीन गुणों बिन न कोई है।।40।।

41. परंतप! ब्राह्मणों, क्षत्रियों, वैश्यों, शूद्रों में बाँटे।
प्रकृति के दिये गुण से, कर्म इन चारों के छाँटे।।41।।

42. शान्ति प्रियता, आत्म संयम, तप, धैर्य, पवित्रता।
ज्ञान, सत्यनिष्ठता, आत्मिक ज्ञान, सहनशीलता।
स्वाभाविक गुण ब्राह्मण के, वो कर्म जिनसे है करता।।42।।

43. प्रभुत्व, दान, युद्ध, कौशल, ऊर्जा, दृढ़ता, वीरता।
क्षत्रियों के हैं प्राकृतिक गुण, वो कर्म जिनसे है करता।।43।।

44. वैश्यों के गुण कर्म हैं, गोरक्षा, कृषि और व्यापार।
शूद्रों के हैं सेवा से, जुड़े हुए आचार व्यवहार।।44।।

45. अपने ही कर्त्तव्य कर, लोग सिद्धि लेते हैं भारत!।
सुनो मिलती कैसे सिद्धि, अपने कर्मों के हो भक्त।।45।।

46. प्राणि स्त्रोत ईश्वर से, ब्रह्माण्ड जन्मता फैलता।
उसे कर्म से पूज के, सिद्धि कर्मों की पा लेता ।।46।।

47. स्वाभाविक कर्म करने से, निष्पाप ही रहोगे।
विशिष्टता न भी हो, स्वधर्म पाप नहीं लोगे।
स्वधर्म कार्य दूसरों से, स्वयं ही बेहतर करोगे।
सिद्ध कर्म दूसरों के, करके कोई लाभ न लोगे।।47।।

48. सहज अपने कर्म न छोड़ो, भले दोष भरे हों।
कौन्तेय! धुआं-अग्नि से सब, शुरु में दोष भरे हों।।48।।

49. मुक्त बुद्धि, आत्म संयम से, कर्म फल त्याग हो।
परम सिद्धि निष्कर्म की, दे देता है त्याग वो।।49।।

50. मुझसे जानो सिद्ध को, कैसे ब्रह्म सिद्धि होती।
कौन्तेय! ज्ञान की पराकाष्ठा, सच्ची निष्ठा है देती।।50।।

51. विशुद्ध बुद्धि धैर्य धरके, मन वश में करके।
विषय, राग, द्वेष, छोड़, भाव शून्य होकर के।।51।।

52. एकान्त में मन, वाणी, देह, वश कर कम खाए।
नित ध्यान योग करे, वैराग्य में पल बिताए।।52।।

53. अहं, बल, दर्प, काम, क्रोध, संग्रह, छोड़ता।
प्रभुत्व छोड़, शान्त मन, ब्रह्म पाने योग्य होता।।53।।

54. ब्रह्म स्थित, प्रसन्न चित्त, पछताए न कुछ चाहे।
हर एक में समभाव रख, मेरी दिव्य भक्ति पाए।।54।

55. भक्ति से मैं क्या हूँ, कैसा कितना हूँ जान जाता।
मुझे सच में जान के वो, मुझमें आ के समा जाता।।55।।

56. सारे काम करते भी, मेरा भक्त शरण मेरी लेता।
प्रसाद में मेरा शाश्वत, अव्यय पद भक्त पा लेता।।56।।

57. मन से सारे काम, मुझ पर छोड़ के हो के निर्भर।
बुद्धि योग से मुझमें, रहो सदा मन स्थिर कर।।57।।

58. मुझमें मन रख, मेरी कृपा पा, बाधाएं दूर करोगे।
अहंकार से मेरी, न सुन के, नष्ट होके रहोगे।।58।।

59. अहंकार में पड़ के यदि, सोचोगे नहीं लडूँगा।
झूठा निश्चय होगा, गुण कहलवा देंगे लडूँगा।।59।।

60. कुन्ती पुत्र! स्वाभाविक गुण से, बँधे कार्य अपना करते।
अनिच्छा से करोगे, मोह वश जिसे मना करते।।60।।

61. सबके मन में बैठा ईश्वर, माया यंत्र नचाता है।
सबको उसपे बैठा घुमाता, मोह से भरमाता है।।61।।

62. शरण में मेरी आ जाओ, कृपा ले लो मेरी भारत!।
परम शान्ति का शाश्वत, धाम देता मैं भारत!।।62।।

63. अपने गहरे से गहरे, राज़ की शिक्षा है दे दी।
इसे सोचो बार बार, फिर करो जो भी चाहे जी।।63।।

64. सुनो फिर से यह मेरा, परम गूढ़ रहस्य ज्ञान।
अति प्रिय हो तुम्हारे हित में, फिर देता मैं यह ज्ञान।।64।।

65. मुझे सोचते मेरे भक्त, पूजक बन करो नमश्कार।
वादा है मेरे पास आओगे, सच में तुमसे करूँ प्यार।।65।।

66. सारे धार्मिक कर्म छोड़, बस मेरा ले लो आश्रय।
पाप मुक्त कर मोक्ष दूँगा, मन मे लो चिन्ता न भय।।66।।

67. रहस्य ज्ञान जो दिया मैंने, जो तपा नहीं उसे मत देना।
निन्दा करता भक्ति नहीं, मेरी सुनना न चाहे मत कहना।।67।।

68. लेकिन परम गहरा रहस्य, जो मेरे भक्तों में कहता है।
करके मेरी परम भक्ति, निस्संदेह वो मेरे पास आता है।।68।।

69. मनुष्यों में तुमसे प्रिय, नहीं कोई मुझको इतना है।
न ही होगा, जग में कोई कभी, प्रिय मुझे तू जितना है।।69।।

70. हम दोनों के बीच हुई, बातों को जो भी पढ़ लेगा।
मेरे मत में ज्ञान यज्ञ से, वह मुझे ही पूजेगा।।70।।

71. सुन भी लेंगे लोग वो, जो श्रद्धा करते बैर नहीं।
पुण्य कर्मियों के शुभ लोकों, में जाएंगे मुक्त वो भी।।71।।

72. पार्थ! तुमने सुनी क्या, एकाग्र मन से बातें मेरी।
अज्ञान भ्रम टूटा धनंजय! सुन के क्या बातें मेरी।।72।।

अर्जुन बोले

73. अच्युत! नष्ट हो गया भ्रम, मिली कृपा बुद्धि लौट आयी।
आपके कहने पे ही चलूँगा, फिरी बुद्धि स्थित पाई।।73।।

संजय बोले

74. यूँ दो महात्माओं, वासुदेव और पार्थ के बीच हुईं।
बातें सुन लीं मैंने जो, अद्‌भुत रोमांचकारी हुईं।।74।।

75. व्यास जी की कृपा से, परम गूढ़ रहस्य योग खुद सुना।
साक्षात योगेश्वर श्री कृष्ण के, मुख से मैंने खुद सुना।।75।।

76. हे! राजन, हूँ याद करता, फिर फिर वो अद्‌भुत वार्त्ता।
केशव अर्जुन की पुण्य बातें, सोंच सोंच फिर फिर खुश
होता।।76।।

77. याद करता हूँ हरि का, अति अद्‌भुत रूप बार बार।
महाराज! विस्मय से, फिर फिर खुश होता हूँ बार बार।।77।।

78. जहाँ योगश्वर श्री कृष्ण भी, और धनुर्धर पार्थ भी हों।
मेरे मत में ऐश्वर्य, विजय, शक्ति, ध्रुवित नीति यथार्थ हों।।78।।

समाप्त हुआ, 'श्रीमद्‌भगवद्‌गीत' उपनिषद का।
ब्रह्म विद्या योग शास्त्र, श्रीकृष्ण अर्जुन संवाद का।
अट्ठारहवां अध्याय, 'मोक्ष संयास योग' नाम का।।

संतों! पढ़ के गीत यह, बार बार याद करिये।
'श्रीमद्भगवद्गीत' यह, बार बार मन में धरिये।
'श्रीमद्भगवद्गीत' सुन, आनन्द रस से भरिये।
पी के झूम के बरसा, अमृत जग को तरिये।
श्री कृष्णामृत का प्रसाद फिर फिर चखिये।।

भगवान की आज्ञानुसार लगें साधना में,
श्रद्धा भक्ति से मर्म का ज्ञान खोज लाने।
मर्म में प्रवेश कर मनन अर्चना में,
भगवान को समर्पण की सिद्ध भावना में।।

करते हुए नए नए सद्भाव पैदा प्रतिदिन,
करते करते यूँ शुद्ध भाव बुद्धि प्रतिदिन।
अभ्यास करते परमात्मा, हैं मिल जाते एक दिन।
चिर सच्चिदानन्द घन मिल जाते एक दिन।।

❑ ❑ ❑